MIHAIL BRIA

DA SOTTOZERO A IMPRENDITORE

Tecniche e Strategie Per Diventare Imprenditore Di Te Stesso e Lanciare Un Business Perfetto Partendo Da Zero

Titolo

"DA SOTTOZERO A IMPRENDITORE"

Autore

Mihail Bria

Editore

Bruno Editore

Sito internet

http://www.brunoeditore.it

Sommario

Introduzione

A chi è dedicato questo ebook? A tutte le persone che non hanno ancora un'attività ma desiderano crearsela. A tutte quelle che lavorano già con partita IVA e vogliono diventare imprenditori liberi. E ancora a quelle che sono già imprenditori e vogliono capire come far crescere la loro impresa o come fare per trovare i propri spazi.

Attraverso il racconto della mia esperienza, ti darò le tecniche e le strategie per diventare imprenditore di te stesso e lanciare un business perfetto partendo da zero. Tutto quello che leggerai nelle prossime pagine è la mia esperienza vera, non un testo teorico sul business, scritto da persone che non hanno mai messo in pratica niente di tutto quello che pretendono di insegnare.

Le strategie che ti darò nei prossimi capitoli sono quelle reali, che mi hanno aiutato a creare un gruppo internazionale in continua crescita partendo da zero, sia come conoscenze nel settore che come disponibilità economica.

Sono partito senza niente (anzi, avevo dei debiti, come avrai notato dal titolo dell'ebook) in qualità di artigiano tuttofare, facendo interventi di riparazione da 29 euro, per le famiglie. Oggi, da quella iniziativa, la struttura BriaGroup conta 6 negozi che commercializzano Serramenti e Porte blindate a:

1. Cuneo, la città da dove sono partito e dove ho imparato la qualità dell'artigianato cuneese;
2. Nizza, la città dove mi sono trasferito anche se non parlavo francese, per aprire un ramo dell'azienda, in quanto a Cuneo d'inverno non si lavorava;
3. Milano, la città che ho scelto per aprire il terzo negozio ed avere dei concorrenti forti dai quali poter apprendere;
4. Sanremo, la città che ho scelto per aprire il quarto negozio, perché tanti dei nostri clienti del Piemonte chiedevano il nostro servizio in Liguria per le loro abitazioni di vacanza;
5. Strasburgo, la città che ho scelto perché è in continua crescita, è molto bella e anche perché in Europa si usa avere rappresentanze qui;

6. Roma, la città che ho scelto per aprire il nostro sesto negozio, in seguito alla proposta di un nostro amico di diventare socio.

All'inizio sono partito perché ero senza lavoro, oggi BriaGroup genera lavoro per più di 30 persone. Stiamo in continua crescita, sebbene molte aziende abbiano chiuso e molte navigano in cattive acque.

Nonostante molte persone desiderano diventare imprenditori e nonostante tutti i vantaggi che oggi abbiamo, tra tutti il principale è il libero e facile accesso all'informazione, invece per tanti rimane ancora un sogno intraprendere tale percorso.

Ci tengo a dirti che anche per me è stato molto difficile partire. Io sono cresciuto in una famiglia di dipendenti statali, nella mia cultura ed educazione la vita "bella" la si poteva raggiungere solo studiando per poi riuscire ad ottenere un "documento" che successivamente avrebbe dovuto garantire un posto fisso. In più sono nato in uno stato con regime comunista, dove ai tempi non si sapeva neanche cosa fosse un'attività imprenditoriale.

Sono sicuro che se chiedi oggi un consiglio sulla decisione che hai maturato di metterti in proprio, la maggior parte ti dirà di non intraprendere questa strada. Gli "esperti", nel darti consigli, invocheranno la crisi che il paese sta attraversando, le imposte, le tasse e in più con ostentazione elencheranno dettagliatamente tutte le storie di insuccesso che si ricordano. Ti sentirai dire anche che le banche ti concedono il mutuo solo se hai un contratto di lavoro, non una partita IVA. Quindi, se scegli questa strada, addio casa di proprietà e altri vantaggi che sono riservati alle persone con posti fissi. Questi sono alcuni dei motivi per cui i miei conoscenti mi sconsigliavano di mettermi in proprio quando iniziai.

I mass media, in un modo indiretto, attraverso i messaggi che vediamo ogni giorno, ci stanno dicendo la stessa cosa – "Non intraprendete niente!" –. Le cattive notizie attirano più pubblico, infatti sono quelle che i giornali e i telegiornali trattano maggiormente.

Tanti non partono perché pensano di non essere all'altezza, credendo di non avere le conoscenze e le competenze giuste per lanciarsi in un'attività imprenditoriale.

Un altro motivo che potrebbe bloccare il futuro imprenditore è la mancanza di capitale.

La carenza di clienti anche è una grande preoccupazione per chi vuole iniziare e pensa prima di partire a come andranno le cose una volta avviata l'attività.

Un'altra paura delle persone è pensare di non avere esperienza o di non averne abbastanza.

Io, anni fa, ho scelto d'imboccare questa strada, ed oggi, tornassi indietro, farei la stessa scelta, essendo molto soddisfatto di come conduco la mia attività.

Per farti capire che il metodo che ti sto per trasmettere è davvero funzionante, invoco anche il fatto che il giornale più noto di business in Italia, il Millionaire, ha dedicato un'intera pagina per raccontare ai suoi lettori la nostra storia e come siamo partiti da zero.

[m AVVIO

di Lorenzo Ait*, esperto@millionaire.it

FARCELA SENZA BANCHE

Chiedi al nostro esperto

* Lorenzo Ait, imprenditore seriale, aiuta gli imprenditori a fare impresa. In uscita a ottobre il suo nuovo libro *Startup in 21 giorni* (Sperling&Kupfer). Lorenzo offre la sua consulenza anche ai lettori di *Millionaire*. Scrivere a: esperto@millionaire. it, nell'oggetto: "idea di business". INFO: www.lorenzoait.com

Storia di Mihail e Teodor Bria, fratelli moldavi che, partiti con 20 euro, hanno creato un'azienda specializzata in serramenti

COSA INSEGNA
QUESTA STORIA (8 STRATEGIE DA COPIARE)

1. SE RIMANI SENZA LAVORO LEGGI. Se finisci i soldi continua a leggere. Se inizi a lavorare per qualcuno, ascolta audiocorsi mentre vai al lavoro. Quando non hai più niente da perdere: parti!

2. SCRIVI 50 SERVIZI RICERCATI DAI PRIVATI. I privati pagano subito.

3. PER OGNI SERVIZIO SCRIVI COSA TI SERVE. Quali competenze e attrezzatura (aiutati con Internet).

4. VERIFICA se hai le competenze per prestare i servizi che hai individuato.

5. SE HAI LE COMPETENZE parti noleggiando le attrezzature (per tanti servizi non servono).

6. CERCA CLIENTI CON ANNUNCI ONLINE. Usa anche i volantini se nella tua zona funzionano.

7. SE NON HAI COMPETENZE, fatti aiutare da "uno che sa fare".

8. INIZIA ADESSO: fai qualsiasi cosa e migliorala o cambiala strada facendo. «Noi abbiamo iniziato (scusa la franchezza) "sturando cessi"» dicono i fratelli moldavi.

UN'IMPRESA CON 20 EURO

Partiti con 20 euro, i fratelli moldavi Teodor e Mihail Bria hanno creato in quattro anni una multinazionale dei serramenti. L'azienda in Italia si chiama Artigiano in Affitto, in Francia (Nizza) BriaGroup. Fatturato? 4mila euro nel 2010; 16mila nel 2011, 82mila nel 2012; 335mila nel 2013. Previsioni di fatturato 2014: 1,2 milioni di euro. Di tutti gli imprenditori che ho avuto il privilegio di seguire, ricordo questi due fratelli in modo particolare.

Perché avete scelto di avviare un'azienda qui?
«Veniamo dalla Moldavia, un Paese dove c'era la corrente elettrica solo per due ore al giorno. Gli stipendi arrivavano arretrati di 24 mesi, ma solo se eri uno statale: per i privati i soldi non c'erano. Nostra madre prendeva lo stipendio e pensava a quale dei due figli comprare le scarpe: i soldi bastavano solo per un paio. Mio papà, ingegnere meccanico, dopo essere andato a lavorare a Mosca come muratore, è tornato a casa 10 mesi dopo, senza soldi, perché non lo avevano pagato. Mi alzavo presto al mattino e, prima di andare a scuola, andavo a mungere la mucca e

consegnare il latte al punto di raccolta, per poter comprare altro. Non ricordo famiglie con più di un genitore: l'altro era all'estero per cercare di guadagnare».

Come avete cominciato in Italia?
«Siamo partiti con 20 euro per i volantini che stampavamo a casa. Al mattino li distribuivamo per avere lavoro il pomeriggio. Ci proponevamo per ogni genere di servizio. Il primo è stato quello degli scarichi otturati. Non avevamo esperienza, così chiedevamo il pagamento solo in caso di riuscita. Senza rendercene conto, avevamo trasformato una debolezza in un punto di forza. Al primo intervento abbiamo preso una borsa da palestra e l'abbiamo riempita di attrezzi che avevamo in casa».

Poi cosa è successo?
«Siamo diventati più "professionali": prendevamo gli attrezzi chiedendo credito in ferramenta. Facevamo pubblicità per più servizi: spesso venivamo chiamati dalla stessa famiglia per due lavori diversi. Dietro a tutti gli annunci di servizi della zona di Cuneo c'eravamo sempre noi».

m

Sono stato invitato da Confartigianato per parlare ad altri imprenditori di come internazionalizzare l'azienda in Francia con successo. In Piemonte esistono numerose imprese che lavorano in Francia, ma poche di queste hanno fatto il passo in più per aprire una sede al estero. Molte continuano a lavorare in modo illegale con tutti i rischi e gli svantaggi connessi.

Grazie ai risultati ottenuti e anche a dei percorsi specifici di formazione che ho seguito, ho l'onore di essere uno dei *business mentor* della Smart Business Lab – azienda internazionale che si occupa dell'automatizzazione aziendale. T'invito a visitare il link per scaricare il materiale gratuito che ho per te:
http://michelebria.smartbusinesslab.com

Mi ricordo con grande emozione il giorno in cui sono partito, stampando dei volantini in bianco e nero. Li ho distribuiti con la mia prima proposta di servizi: cambio rubinetti e spurgo per scarichi intasati.

Avevo paura, sì, perché non avevo neanche quei pochi attrezzi che servivano per fare i due tipi d'intervento che avevo proposto sul dépliant. In più, anche se sei bravo a fare un tipo di lavoro, è molto diverso farlo per te o farlo a casa di un cliente. Nella seconda situazione non sei solo un artigiano che deve fare il suo lavoro, ma hai anche degli spettatori che sono lì per vedere come risolvi il problema per cui poi ti devono pagare! In quelle circostanze una parte di me sperava tanto che nessuno chiamasse. Avevo tanto bisogno di guadagnare, ma l'emozione era più forte della mia paura.

Lavorare con professionalità e onestà premia sempre. Dopo sacrifici e dopo tutte le emozioni, inizi a raccogliere i frutti di ciò che hai seminato. I risultati sono i clienti sodisfatti e la gioia di avere una squadra di lavoro che ti segue per scelta, non perché non ha altre alternative. Il grande Anthony Robbins dice che esistono migliaia di emozioni che un essere umano può provare, io trovo che una delle sensazioni più potenti sia quella che si prova quando le persone del tuo team ti scelgono per i tuoi valori e le tue azioni.

Ma il risultato più importante che ottieni è la sicurezza nelle proprie forze; ho molte più responsabilità rispetto a quando facevo il dipendente e oggi sono contento di tutte le scelte che ho fatto finora. Il coraggio mi ha accompagnato tutti i giorni.

Condivido la mia esperienza con te per trasmetterti le motivazioni che mi hanno spinto a intraprendere il percorso che io ho scelto per cambiare la mia vita in meglio.

Capitolo 1:
Come e quando partire

Sento spesso dire che adesso non è il momento giusto per fare impresa, che adesso bisogna stare "tranquilli" finché passa la crisi. Gli esperti dicono che la crisi è passata, io penso che la crisi sia una cosa relativa e che dipende dalle esperienze vissute. Per me la crisi neanche c'è stata in Italia. Sono nato nel 1981 nella RSSM (Repubblica Sovietica Socialista Moldavia) e ho vissuto in Moldavia il periodo dopo la dissoluzione della URSS (Unione Sovietica).

Ti fornisco alcuni dettagli per darti un'idea di quale era lo standard di vita lì tra gli anni 1990 e 2000. Avevamo energia elettrica per 1/3 ore al giorno. Gli stipendi dei dipendenti statali arrivavano con ritardi di 24 mesi. Le imprese non esistevano ancora, iniziavano solo a nascere. Quindi, quando sono arrivato in Italia per la prima volta, ho visto una grandissima differenza, un paese bellissimo con persone serene che vivono molto, molto bene. Vivevo e lavoravo in Italia, ero molto felice, anche se senza permesso di soggiorno. Il mio sogno, ai tempi, era di lavorare anche quando pioveva, questo perché lavoravo per un'azienda agricola.

Ho iniziato a cambiare il mio parere sul fatto che in Italia si stava molto bene nel momento in cui ho appreso la lingua. Dopo che ho iniziato a parlare l'italiano e a confrontarmi tutti i giorni con altre persone, ho capito che in Italia c'era la crisi!! Piano piano iniziavo anche io a pensare che gli stipendi erano bassi, che si pagavano troppe tasse e che i datori di lavoro sfruttavano.

Il paese era lo stesso, e nel frattempo avevo ottenuto anche il permesso di soggiorno. Dovevo quindi essere ancora più felice di prima, invece no, avevo deciso che c'era la crisi in Italia. Guardando adesso, penso che è stato proprio il modo in cui avevo deciso di vedere le cose che mi rendeva la vita difficile.

Nel 2010, quando sono partito con l'attività, la mia situazione finanziaria non brillava per niente. Avevo un mutuo da pagare, in più Melissa, la mia prima figlia, che aveva meno di un anno e quindi neanche mia moglie Elena non lavorava, perché dedicava tutto il suo tempo a nostra figlia. Avevo una grande responsabilità sulle spalle, essendo l'unico portatore di reddito in famiglia, dunque non potevo permettermi di non guadagnare.

Allora per me sarebbe stato molto più facile andare a cercarmi un posto di lavoro e andare a fare il dipendente per avere da subito un'entrata. Avrei avuto anche la comprensione e il consenso dei genitori se l'avessi fatto, dato che loro si preoccupavano della nostra situazione economica.

Da allora le cose sono cambiate, ho trovato la stabilità economica e ho imparato a trarre profitto come imprenditore. Sono capace di poter partire da zero di nuovo in Italia o in altro paese, perché quello che ho costruito non è stato un caso, ma tanto duro e stressante lavoro.

Oggi Melissa ha otto anni, parla quattro lingue ed insieme alla sorellina Emily di tre anni frequentano una scuola privata internazionale a Nizza, in Costa Azzurra. Sono felice di avere la possibilità di permettermi questo importante investimento per il loro futuro.

Ti starai chiedendo cosa c'entra questo con il libro da "Sottozero a imprenditore", hai tutte le ragioni per pensare una cosa simile. La risposta è che senza una grande motivazione, nessun corso e nessuna tecnica mi avrebbe aiutato a intraprendere questo percorso. La mia grande motivazione era la famiglia, il desiderio di poter assicurare una vita con più libertà.

Con la mia storia voglio farti riflettere su quanto sei fortunato e renderti più consapevole delle possibilità che hai. Pensa che parti con più "carte" rispetto a chi arriva in Italia senza avere un permesso di soggiorno e senza conoscere la lingua.

I modi per riuscire o meno sono tantissimi, ed io con questo libro ti trasmetterò tutte le tecniche e le strategie che ho utilizzato personalmente per diventare imprenditore libero. La parte del "perché" rimane invece a te: trova la tua motivazione personale per intraprendere un percorso imprenditoriale di successo.

Una parte dentro di me mi diceva di lavorare ancora qualche anno come dipendente, di mettere da parte dei soldi, di studiare ciò che poteva tornarmi utile per mettermi in proprio una volta finita la crisi! Avessi dato ragione a quella vocina interna, oggi sarei stato ancora dipendente, magari con l'ansia di perdere il lavoro o essere disoccupato in cerca di un impegno.

SEGRETO n. 1: parti adesso, dalla tua situazione attuale, non aspettare il momento ideale, quello non arriverà mai.

Uno dei principali motivi che bloccano le persone nell'intraprendere un percorso imprenditoriale è la mancanza di disponibilità economica. L'aspirante imprenditore si ferma davanti all'idea che non ha i soldi per iniziare; la convinzione è che i soldi sono quelli che stanno alla base di tutele imprese costruite.

La verità è che la mancanza di denaro così come altre carenze sono delle scuse. Non si usa quasi mai dire "io non avvio un'impresa perché ho paura o perché non me la sento"; ovviamente è più semplice dare la colpa alle circostanze.

In realtà, è giusto non avere i soldi quando inizi per la prima volta un'attività e da statistiche risulta che sia anche la regola. Nel mondo il 90% dei milionari sono di prima generazione. Io sono molto affascinato dalla storia di Roman Abramovic: nel 2016 secondo la Forbes, il suo patrimonio era di 7,6 miliardi di dollari.

La maggior parte delle persone lo conosce perché proprietario della Chelsea FC. Per me, invece, lui è l'imprenditore che all'età di quattro anni non aveva più i genitori. Alla fine dei anni '80 vendeva giocattoli per i bambini per strada e ha avuto anche una cooperativa per l'allevamento dei maiali. Come lui, nel mondo ci sono moltissime persone che hanno costruito il loro successo partendo dal nulla.

Un altro caso d'imprenditore che è partito da zero è quello di Flavio Briatore. Pensa che il suo soprannome giovanile era Tribula, (*tribulè* in piemontese significa "procedere con fatica") per i suoi insuccessi a scuola e successivamente per i suoi primi insuccessi negli affari.

Briatore lo seguo su internet spesso e volentieri, perché anche io come lui sono partito con la prima impresa nella provincia di Cuneo e allo stesso modo anche io ho "tribulato" tanto; mi sembra che anche come cognome ci assomigliamo parecchio.

Un neo imprenditore non ha esperienza nel condurre un'azienda. La quantità di denaro che gestisce un imprenditore deve essere proporzionale alla sua esperienza. Immaginati di mettere alla guida di una Ferrari una persona che non ha mai guidato, non solo rischia il fallimento, ma ci mette anche più tempo per apprendere rispetto a quanto ci metterebbe con una macchina normale.

Quindi, se hai zero esperienza come imprenditore, è giusto partire con zero capitale iniziale. Come in qualsiasi processo di apprendimento, anche nel mestiere dell'imprenditore le "cadute" sono indispensabili nell'evoluzione personale. Visto che sono inevitabili, allora dobbiamo decidere consapevolmente la quantità di denaro che accettiamo di giocarci.

La buona notizia, quindi, è che non avere soldi quando si parte è giusto. D'altronde l'imprenditore non lavora per possibilità, ma per opportunità. I soldi sono solo una componente di tutto quello che serve all'imprenditore. Pensa che io per lavorare ho bisogno di viaggiare in aereo, non posso permettermi di aspettare il giorno quando avrò il mio aereo personale. Quindi pago il servizio a chi mi offre la possibilità di spostarmi in aereo. Io per lavorare ho bisogno di 6 negozi e 4 magazzini, anche in questo caso pago il proprietario di questi beni per avere il diritto di utilizzarli. La stessa cosa vale per i soldi: partire da zero non significa per forza iniziare senza l'utilizzo dello strumento "denaro", ma può significare anche non possedere soldi a disposizione per partire.

Nel mio caso, io non avevo sufficiente denaro per partire e neanche avevo trovato modo per riceverlo da qualcun'altro. Oggi, guardando indietro, sono grato per il fatto che nessuno mi ha aiutato ad accumularne abbastanza. Sono più che certo che se la banca o qualcun altro me lo avrebbe imprestato, lo avrei utilizzato in maniera errata.

Con i primi soldi che ho iniziato ad incassare dai clienti andavo a comprarmi degli attrezzi necessari, ma solo quelli indispensabili: una pinza, poi un martello e così via. Voglio fornirti questi dettagli per renderti il quadro completo del mio percorso. I libri sono pieni di testi di teoria e la mia intenzione è di mostrarti tutti i particolari dalla pratica. Questo ti aiuterà molto, perché penserai che se ci è riuscito Mihail senza esperienza, senza denaro e in un paese che non è suo, allora per te sarà molto più facile.

SEGRETO n. 2: non avere soldi quando si parte è giusto, perché la quantità di denaro che "muovi" deve essere proporzionale alla tua esperienza imprenditoriale.

Mi capitava spesso di essere senza lavoro, senza soldi già lo ero e quando a questo si aggiungeva anche il fatto che non ricevevo richieste d'intervento, il gioco diventava ancora più interessante.

In questo caso mi salvava la mia domanda magica: "Cosa posso fare per guadagnare con le risorse che ho a disposizione in questo momento?". Ho iniziato così a pubblicizzare sul volantino anche altri lavori che non sapevo fare e per cui non avevo attrezzi.

Il primo mese di attività ho prestato servizi per 400 euro, facevo piccoli interventi di riparazione a 29 euro. Tolte le spese di benzina, i volantini e i 2/3 attrezzi che ho dovuto comprare, mi erano rimasti circa 200 euro. Il mese successivo era andata meglio, ma non avevo di certo guadagnato quello che mi serviva. Quindi come facevo con il denaro? Per poter ottenere mestieri nuovi, come giardinaggio o lavori in pittura, mi servivano arnesi come scale, tosaerba, camion e altri ancora. A quel punto avevo trovato il supporto del mio amico Roberto, che in questa occasione ringrazio di nuovo. Lui aveva tutti gli attrezzi che mi servivano e me li imprestava quando ne avevo bisogno; io in cambio gli davo una mano quando aveva necessità. Organizzare il lavoro in questo modo, mi faceva perdere tanto tempo, ma in quel momento per me era un buon compromesso.

Un'altra soluzione che avevo escogitato, sempre perché mi mancavano gli strumenti, era quella di offrire alle famiglie due prezzi. La tariffa per il servizio senza i miei attrezzi era più vantaggiosa, dal momento che non dovevo andare a noleggiare strumenti, ma anche al cliente conveniva perché risparmiava.

Proponevo i miei servizi anche ad altre aziende. Insomma, cercavo all'inizio tutti i lavori che non richiedevano utilizzo di attrezzi. Al mattino scaricavo il camion dal fruttivendolo per 13 euro all'ora e di pomeriggio distribuivo volantini sempre per qualche azienda.

Quando le famiglie mi chiedevano di fare interventi più complessi, sceglievo di collaborare con artigiani più esperti e che avevano tutti gli attrezzi necessari. Poiché non conoscevo i prezzi, facevo delle mie valutazioni per proporre il preventivo. Spesso i soldi mi bastavano appena per pagare l'artigiano che chiamavo, quindi non restava niente per me. L'esperienza, invece, me la portavo sempre a casa!

Il mio primo mezzo di lavoro è stata una Fiat Punto del '92, comprata per 300 euro. Fungeva da furgone, ma anche da macchina di famiglia. Il prossimo mezzo è stato un furgone dell'83, comprato per 900 euro. Il terzo è stato già un furgone da 6.500 euro, ma non avevo i soldi per permettermelo. Ho trovato quindi una società di noleggio che ha accettato di farmi un contratto di 12 mesi di noleggio con riscatto.

Adesso che riporto queste esperienze, ho un grande desiderio d'entrare nella storia del 2010 e d'infilare di notte qualche migliaia di euro nel portafoglio di Mihail. Non è possibile fare il viaggio nel tempo e penso che non sia neanche utile per la mia crescita.

SEGRETO n. 3: per avere gli strumenti necessari paga con il tuo lavoro, noleggia o scegli di prestare servizi che non

richiedono l'utilizzo di questi.

Per trovare lavoro mi rendevo disponibile anche nei weekend e nei giorni feriali. Correvo tanto e facevo di tutto, ma questo non era sufficiente per coprire le spese che si accumulavano. Facevo errori sia a lavoro ma anche nel fare i preventivi.

A Cuneo non riuscivo a trovare una sola occupazione che fosse sufficiente per il sostentamento, quindi mi mettevo a fare tutti quelli che trovavo. Facendo tanti lavori diversi, ero sicuramente meno produttivo rispetto ad un artigiano che ogni giorno faceva un solo tipo di lavoro.

Come avrai immaginato, i soldi che riuscivo a guadagnare non erano adeguati per comprarmi sempre attrezzi e coprire tutte le spese di una famiglia. Allora ho dovuto fare delle scelte: cosa pagare prima, cosa dopo e cosa rimandare a tempi migliori. La prima scelta è stata quella di tagliare, e non era la vacanza, perché tanto di quella non si parlava in quell'anno, ma neanche in quelli successivi. Ho iniziato a non pagare le rate per il mutuo e poi anche quelle delle spese di condominio.

Comprendimi bene, non ti sto incoraggiando a crearti dei debiti o a non rispettare gli impegni che ti sei preso con i tuoi creditori. Io avevo scelto di partire con la mia attività per vivere meglio. Non era nei miei progetti guadagnare poco o avere dei problemi, ma questi arrivano indipendentemente dalla nostra volontà. Quello che tu puoi fare è essere consapevole di questo, aspettarteli ed imparare a gestire gli imprevisti e le difficoltà lungo il percorso.

Da quando avevo cominciato ad essere in ritardo con le rate delle spese condominiali, ogni volta che incontravo un vicino di scala, mi tornava il pensiero che ero in ritardo con le rate. Il fatto di dilazionarle era una grande vergogna per me, quindi rinforzava ancora di più la mia grande voglia di riuscire a guadagnare.

Come se non bastasse, il fatto che non guadagnavo sufficientemente per far fronte a tutte le mie spese, in quell'anno anche la rata del mutuo aumentò del 50%. Questo perché avevo scelto il tasso variabile al momento della stipula del contratto. Non ho pagato le rate del mutuo per un anno, perché speravo di trovare poi la soluzione per pagare quelle arretrate, ma non sapevo ancora come.

La soluzione è arrivata da sola; ho risolto con le rate arretrate: la banca mi aveva approvato la richiesta di aggiungerle alla fine del contratto. Quindi, quello che a me sembrava un grande problema, cioè non pagare le rate del mutuo per un anno, alla fine s'è risolto molto facilmente. È stata la banca stessa a darmi la soluzione.

Devo dire che il mio senso di responsabilità mi faceva sentire in colpa per il ritardo dei pagamenti, anche dopo che avevo pattuito con loro per aggiungere le rate alla fine del mutuo. La frustrazione mi ha abbandonato quando, dopo qualche anno, ho scoperto che anche le banche sbagliano, quando per esempio applicano interessi non legali ai mutui.

Tra le difficoltà che ho riscontrato nel mio percorso, ma che non avevo previsto dall'inizio, c'era anche il fatto di essere moldavo. Dico moldavo ma non forestiero, perché gli stranieri sono anche gli americani o i tedeschi, sebbene questi abbiano un'altra reputazione. Nonostante ogni anno le cose cambiano, sette anni fa il mio compito non era solo trovare le persone che avevano bisogno dei miei interventi, ma che accettassero anche il fatto che io non ero italiano.

Mi ricordo che una volta un signore sentì il mio accento e mi disse "Ah, ma tu non sei italiano!", e gli ho confermato. Si era dimenticato di avermi chiamato per un intervento e mi ha solo spiegato che ognuno deve vivere a casa sua!

Grazie alla difficoltà di trovare lavoro nella zona di Cuneo, durante l'inverno e per l'altro motivo che ti ho accennato, sono andato a cercare fortuna anche in Francia. Ho scoperto la Costa Azzurra, dove si lavora molto bene tutto il anno e dove ho appreso anche la lingua francese.

A Cuneo il fatto di essere straniero mi faceva perdere qualche cliente, invece a Nizza questo mi dava dei grandissimi vantaggi rispetto alla concorrenza. Ho scoperto l'altra faccia della medaglia, quella positiva: in Costa Azzurra parlare oltre al francese, il russo e l'italiano ti fa avere molti clienti.
Ho imparato che devo cercare sempre questo lato, spesso esiste ed è efficace.

SEGRETO n. 4: per partire non hai bisogno di vedere chiaro tutto il percorso imprenditoriale. Potrai avere delle difficoltà

lungo esso, ma anche delle soluzioni che mai avresti immaginato restando alla linea di partenza.

Che cosa aprire per la propria attività e quale forma scegliere? Ditta individuale, SNC (società a nome collettivo), SAS (società in accomandita semplice), Impresa familiare, SRL (società a responsabilità limitata) o altro?

Adesso permettimi di parlarti come se fossi mio fratello, ci sta che non è il tuo sogno avere un fratello moldavo, ma è per farti comprendere che tengo a te. Prima di aprire qualsiasi cosa, apri la tua mente! Sì, chiudi gli occhi e apri la mente. Pensa se vuoi veramente aprire un'attività e fare il percorso per diventare imprenditore. Per aiutarti a riflettere su questo, ti ricordo la storia del ricco e del pescatore:

Un uomo d'affari incontrò sulla riva del mare un pescatore. Notò con fastidio che era sdraiato accanto alla propria barca e si godeva tranquillamente il sole.

"Perché non stai pescando?" domandò l'uomo d'affari.
"Perché ho già pescato abbastanza pesce per tutto il giorno."

"E perché non ne peschi ancora?"

"E cosa me ne farei?"

"Guadagneresti più soldi. Potresti comprare un motore da attaccare alla tua barca per andare più al largo e pescare più pesci. Così potresti avere anche più denaro per acquistare una rete di nylon, e, avendo ancora più pesci, avresti più soldi. Presto avresti tanti soldi da poterti comprare due barche o addirittura una flotta. Allora potresti finalmente diventare ricco come me."

"E a quel punto cosa farei?" chiese il pescatore.

"Ovvio, potresti rilassarti e goderti la vita" rispose l'uomo d'affari.

E il pescatore, con un sorriso..."Cosa credi che stia facendo ora?"

Quello che voglio sottolineare è che giustamente ci sono più strade per arrivare a "rilassarti e goderti la vita". Per fare l'imprenditore dovresti acquisire svariate competenze, vivere molte emozioni… diventare una nuova persona! Esistono due tipi di motivazione: "via da…" e "verso…"; la tua motivazione di che tipo è? Se vuoi diventare un imprenditore perché risulta sempre più difficile trovare lavoro da dipendente, allora non hai bisogno di diventare imprenditore.

Ti dico questo da ex dipendente e da attuale datore di lavoro. Se a te piace fare il dipendente, ma non trovi più lavoro, ecco la soluzione: studia! Non sto scherzando, quando faccio i colloqui di lavoro per le segretarie non mi limito a leggere i curriculum, ma chiedo una dimostrazione di quello che dicono di saper fare.

La maggior parte delle persone non sono preparate e non lo fanno, aspettano di trovare un'occupazione e forse studieranno quello che non si ricordano durante le ore di lavoro. Alla domanda "Come mai metti sul curriculum conoscenza Office, se non sai impostarmi neanche una formula di calcolo in Excel?", ti puoi sentire rispondere che "Sono cose che ho studiato all'università e quindi da allora si dimenticano!". Io penso che dal curriculum debbano essere tolte quelle cose che non si è in grado di fare e soprattutto che non si è mai saputo fare.

Voglio ricordarti che spesso il datore di lavoro guadagna meno di un dipendente. Alcuni non portano guadagnano e altri addirittura lo perdono, ma in quasi tutti i casi un imprenditore, di media, lavora più di un dipendente.

Quindi, se ami fare il dipendente, continua a farlo. Per trovare lavoro basta che studi, e quando vai a proporti alle aziende, chiedi di essere pagato solo se queste guadagnano dalla collaborazione con te.

Le persone disoccupate cercano lavoro, per un mese, per un anno, e così via. Cercare lavoro è esso stesso un lavoro, che non viene mai pagato. A questo punto, invece di lavorare per un anno come "cercatore di lavoro" e non essere pagato, vai a bussare alla porta dell'azienda che ti piace e proponiti di lavorare gratis per 1 mese!

Diventerai subito una persona diversa dalle centinaia che mandano mail senza neanche aggiungere "buongiorno" nel testo di questa. Meno del 10% delle persone che mandano una risposta all'annuncio di lavoro ti salutano! Tu assumeresti uno che vuole essere assunto ma non ha tempo, voglia ed intelligenza di scriverti "buongiorno"?

Quindi, se vuoi diventare imprenditore perché sei senza lavoro, non farlo. Diventa un bravo dipendente, mantieniti questa linea nel tempo e il gioco è fatto!

Io ero partito con una ditta individuale, come fanno quasi tutte le persone quando vogliono intraprendere un'attività e come consigliano nella maggior parte dei casi i commercialisti per loro comodità. Nel 2010 per me andava bene, anche perché per la SRL mi servivano circa 12.000 euro per la costituzione e per il capitale sociale che non avevo in quel momento.

Per fortuna adesso in Italia esiste la possibilità di aprire una SRLS – Società a Responsabilità Limitata Semplificata. Questa ti offre quasi gli stessi vantaggi di una SRL, ma con dei costi molti ridotti.

Perché scegliere la SRLS? Perché la società di capitali ti protegge nel caso le cose si mettessero male e sei costretto a fallire, dato che con la SRLS hai la completa separazione tra l'attività che hai esercitato e le tue cose personali, come la casa, la macchina e i tuoi soldi. Sono sicuro che tu non parti con l'idea di fallire, ma questo fa parte della vita di un imprenditore.

Io sono fiero dei i miei piccoli fallimenti e spero di avere l'occasione di apprenderne altri futuri da altre persone!!

Una SRLS ti protegge dalle banche e dai creditori, quindi, se le cose vanno male, la tua casa e i tuoi beni non corrono alcun pericolo, a differenza della ditta individuale, dove l'imprenditore risponde con tutti i suoi beni personali presenti e futuri.

La SRLS ti dà anche più credibilità davanti ai tuoi clienti, ai tuoi fornitori e ai tuoi concorrenti. La maggior parte delle persone non sa la differenza di costo tra la SRL e la SRLS, dunque si pensa in entrambi i casi alla SRL.

Sei percepito come un imprenditore che ha speso sui 12/15mila euro per la costituzione; in realtà hai speso 330 euro per la costituzione, se stai almeno tu con un altro socio, o 330 + 130 euro se vuoi costituire una SRLS Unipersonale.

Altri vantaggi importanti da sapere per te sono la possibilità di vendere la tua società e i vantaggi fiscali. Quando il tuo fatturato inizia a crescere, con la SRLS hai l'agevolezza dell'aliquota fissa. Con la ditta individuale, invece, la tassazione arriva al 40%.

SEGRETO n. 5: non conviene aprire una ditta individuale o

una società di persone; la forma giuridica che ti offre più vantaggi è la SRLS. Il costo per l'apertura di questa è di soli 330 euro.

RIEPILOGO DEL CAPITOLO 1:

- SEGRETO n. 1: parti adesso, dalla tua situazione attuale, non aspettare il momento ideale, quello non arriverà mai.

- SEGRETO n. 2: non avere soldi quando si parte è giusto, perché la quantità di denaro che "muovi" deve essere proporzionale alla tua esperienza imprenditoriale.

- SEGRETO n. 3: per avere gli strumenti necessari paga con il tuo lavoro, noleggia o scegli di prestare servizi che non richiedono l'utilizzo di questi.

- SEGRETO n. 4: per partire non hai bisogno di vedere chiaro tutto il percorso imprenditoriale. Potrai avere delle difficoltà lungo esso, ma anche delle soluzioni che mai avresti immaginato, se resti alla linea di partenza.

- SEGRETO n. 5: non conviene aprire una ditta individuale o società di persone; la forma giuridica che ti offre più vantaggi è la SRLS. Il costo per l'apertura di questa è di soli 330 euro.

Capitolo 2:
Come scegliere cosa fare

Come scegliere "cosa fare".

Non aspettare di trovare la cosa perfetta, io ho cambiato più di 10 volte i tipi di servizi che offrivo, prima di fermarmi sui serramenti. Continuo sempre a studiare e a provare servizi e prodotti nuovi. Ma tendenzialmente in Italia le aziende non cambiano mai il settore, piuttosto viene chiusa l'attività se non la si riesce a portare avanti in un periodo di cambiamento.

Ho conosciuto molte aziende, tante di queste hanno chiuso per sempre quando il loro settore ha subito un cambiamento. Poche sono quelle che hanno il coraggio e/o la voglia di riqualificarsi o innovare, se la situazione si evolvesse in una "questione di vita o di morte".

Ho constatato che neanche per gli enti la normalità è vedere le aziende nascere e morire con lo stesso oggetto di attività. Nella mia prima azienda nel 2013 ho ricevuto un controllo da parte dell'INAIL. Curioso di sapere il motivo del controllo, chiesi all'incaricato di quest'ente il perché della visita. Mi è stato risposto che la procedura di accertamento era partita, poiché avevo modificato più volte i codici attività della mia azienda.

Ai tempi proponevo molti servizi. Avevo spiegato all'ispettore che se io facevo giardinaggio, non potevo permettermi di aspettare la prossima stagione per lavorare di nuovo, ma dovevo mettermi a fare anche altre prestazioni per avere continuità di lavoro. L'ispettore dell'INAIL ha compreso, ma mi ha anche detto che non era la norma, che di fronte a un caso come questo non si erano mai trovati. Cambiavo troppo spesso i codici delle attività e mi ha consigliato di essere più scrupoloso.

Il quel periodo ero seguito per la contabilità da Confartigianato e anche per loro non ero un caso comune. Infatti ogni tanto si riunivano in 2/3 persone per decidere come potessero inquadrarmi al meglio, viste le varie attività che svolgevo.
Nel caso tu volessi partire con un'azienda locale che offre prodotti o servizi, valuta bene i potenziali clienti.

Considera anche l'ipotesi di spostarti in una località più grande per aprire la tua attività. Ti può sembrare esagerato questo mio suggerimento di cambiare posto, ma se molti dipendenti lo fanno per le aziende degli altri, tu perché non potresti farlo per la tua? Sulla scelta del proprio "cosa fare" ogni imprenditore si basa sulle sue esperienze/conoscenze o su quelle dei conoscenti.

Anche io sono partito con il mio primo servizio grazie ad un'esperienza che ho avuto. Avevo lo scarico della cucina otturato e cercavo un'azienda su Cuneo che mi aiutasse a risolvere questo problema. Non riuscivo a trovare un idraulico disposto a fare questo, mi avevano spiegato che si rendono disponibili per altri tipi di lavori, ma non per questo.

Dovevo comunque risolvere la faccenda, e alla fine, dopo una settimana, trovai una società che mi promise di inviarmi di sera, dopo il lavoro, una persona. Una volta giunta per l'intervento, e dopo vari tentativi, mi ha detto che non riusciva a risolvere il problema, chiedendomi addirittura 60 euro! Sono rimasto stupito dalla loro scelta di chiedere un pagamento senza aver risolto nulla. Decisi quindi che avrei iniziato io ad offrire questo tipo di servizio alle famiglie, ma di farmi pagare solo se risolvessi la complicazione.

Quindi, nel mio caso, sono partito in seguito ad un'esperienza negativa. Se non hai deciso ancora cosa vuoi fare, ti consiglio di andare a cercare il "cosa fare" anche su internet. Lo so che è una cosa scontata fare ricerche su internet, ma a me capita sovente di dimenticarmi di questo oceano di informazioni che abbiamo in tasca. Tante volte per averne una mi faccio un giro di telefonate, poi mi ricordo di internet e trovo la risposta subito.

Un altro consiglio che ti fornisco, è andare a lavorare fisicamente 1/2 giorni, o quello che trovi necessario in un'azienda che si occupa già dell'attività che vuoi intraprendere. Proponi qualcosa in cambio per questa esperienza all'azienda che ti rivolgi, per esempio lavorare gratis.

Un'azienda difficilmente accetterebbe di formare un suo concorrente. Per questo motivo, ti conviene cercare fuori dalla tua zona, spiega in maniera trasparente quello che ti serve e troverai l'imprenditore disposto ad aiutarti. Meglio investire un giorno o una settimana nell'azienda di un altro per capire se vuoi o meno fare un business che un anno nella tua.

Qualsiasi attività tu abbia scelto di fare, ricordati che oggi i punti critici delle aziende sono l'innovazione e la vendita. Analizziamo insieme questa verità. Oggi non esistono aziende colme di clienti che esigono i loro prodotti o servizi, esistono invece moltissime aziende che hanno i magazzini pieni con prodotti da vendere o con il personale pronto ad offrire servizi.

Partire offrendo un prodotto o un servizio così come esiste già, va bene all'inizio. Ma poi, per non fare la fine della maggior parte delle aziende che chiudono entro i primi 3 anni di attività, bisogna distinguersi e implementare un processo di vendita efficiente.

SEGRETO n. 1: Parti adesso nel settore in cui ti senti più ferrato, perché quello ideale per te non esiste; riuscirai a capire cosa ti riesce meglio solo strada facendo.

Ascolta gli altri e fai il contrario, perché questa è la mossa vincente che mi ha portato più volte ad avere dei risultati. Pensa, se tu ascoltassi il parere altrui, avrai gli stessi risultati degli altri e quindi sarai anche in concorrenza con tutti.

Mi ricordo che all'inizio della mia attività avevo pensato di propormi come artigiano tuttofare ai 3 negozi specializzati in "fai da te" della zona di Cuneo.

Prima di andare, mi sono confrontato con delle persone per sapere il loro parere. Io volevo proporre ai clienti di questi negozi i nostri servizi di trasporto ed eventuale montaggio per i prodotti che loro vendevano;

Tuttavia, le persone con le quali mi ero confrontato mi hanno detto che non aveva senso, che non mi avrebbero mai preso. Sono andato lo stesso, ho presentato la mia idea e loro mi hanno accettato come artigiano di fiducia da proporre ai loro clienti.

Dopo due settimane in uno dei grossi centri di "fai da te" di Cuneo sulle scarpiere, casette di legno, tende da sole, camini in pietra, cabine doccia, sanitari, porte, casseforti, oltre al prezzo esposto del prodotto, c'era anche la nostra proposta di prezzo per trasporto e montaggio. Cosa ho fatto di diverso rispetto a molti artigiani che erano a casa senza lavoro? Ho venduto il mio servizio.

Questa iniziativa mi ha portato molto lavoro, dato che i clienti spesso chiedevano anche altri servizi. Dopo il primo negozio di "fai da te" anche gli altri due della zona ci avevano presi come artigiani da consigliare ai loro clienti. Questa esperienza, così come ti dicevo prima della storia, mi ha insegnato ad ascoltare tutti e di fare al contrario.

Cuneo è una città con molti artigiani e molti di questi erano anche più bravi di me a fare i servizi che io proponevo, ma questo non garantiva loro il fatto di avere lavoro. Quindi, studia, crea un buon servizio o un buon prodotto, ma poi serve a niente avere un buon prodotto o un buon servizio se non vai a proporlo.
Fai domande agli altri e anche a te stesso per trovare nuove idee e soluzioni.

Nel film "La ricerca della felicità" Chris Gardner si rivolge ad un *broker* finanziario: "Due domande: che lavoro fa e come si fa?".
Nei giorni successivi, dopo aver visto questo meraviglioso film,

vado da una persona che parcheggiava spesso la sua Mercedes vicino alla mia abitazione. Siccome il mio lavoro di piccole riparazioni così come lo avevo impostato non mi portava a grandi risultati, decisi di chiedere a lui di che si occupava e lui mi ha risposto che vendeva serramenti. In quel momento ho deciso anche io di occuparmi di questi.

Non me la sentivo di chiedergli come bisognava agire, ma sono andato a vedere la sua azienda. Aveva un negozio e un deposito, dei dipendenti e dei camion, niente di ciò che io mi potevo permettere. A quel punto, visto che non ho avuto il coraggio di domandargli come potevo muovermi, ho iniziato a chiedere a me stesso: "Come posso iniziare a vendere serramenti con le risorse che ho adesso a disposizione?"

Così mi è venuta in mente che potevo vendere i serramenti senza avere un negozio. Ho fatto i volantini, ne ho distribuiti tantissimi, ma dopo più di 50 preventivi fatti, non avevo concluso nessuna vendita. Le persone non si fidavano di me, probabilmente percependo la mia insicurezza e in più non avevo neanche un negozio dove riceverle. Decisi così di chiedere ad uno dei negozi "fai da te" con cui collaboravo di concedermi un piccolo spazio al suo interno per mettere un banco con dei volantini e qualche una mostra di serramenti, in cambio mi impegnavo a fare dei lavori per loro. Hanno accettato la mia proposta, così, grazie al fatto che ero in quel grande negozio, sono riuscito a fare la prima vendita!

Pensa in modo diverso: se ti piace il settore del giardinaggio, non per forza devi aprire un'azienda che faccia giardinaggio, puoi anche aprirne una che trova lavoro per i giardinieri.

In Italia esistono molte piccole imprese artigiane, di norma queste imprese sono molto capaci a organizzare il lavoro, anche se occupa loro tutto il tempo che hanno a disposizione. Le piccole imprese spesso sono sprovviste di un ufficio o di una segretaria e dedicano tutto il loro tempo alla *delivery*.

Ti faccio l'esempio di un artigiano edile come profilo chiaro e anche molto simile agli altri artigiani. Di seguito ti descrivo un elenco di alcune aree di miglioramento del tipico artigiano edile che poi si ritrovano anche in altri settori.

L'artigiano edile:

– svolge la sua attività con ditta individuale o società di persone, rischiando così la casa di proprietà o altri beni.

– ci mette tanto tempo per presentare un preventivo, perché non ha una segretaria e spesso non usa neanche la mail. Per fare qualsiasi tipo di preventivo pensa di dover fare un sopralluogo, mentre per la maggior parte dei lavori basterebbe anche farsi inviare un video e le misure indicative.

– quando ha tanto lavoro, si procura personale in nero, rischiando in questo modo multe salatissime.

– non frequenta corsi di aggiornamento e formazione per mancanza di tempo e denaro.

– lavora spesso per stretta di mano e non per contratto firmato, come si dovrebbe per tutelare i suoi interessi e quelli dei suoi clienti

– accumula insoluti con alcuni dei suoi clienti, perché non stabilisce un piano chiaro di pagamenti in base all'avanzamento del lavoro. A lavoro finito non si firma con il cliente un "verbale di fine lavoro". Per un cliente che non vuole pagare o che vuole ottenere un ulteriore sconto alla fine, il gioco è fatto, se l'artigiano consegna senza farsi dare una ricevuta per lavoro concluso.

SEGRETO n. 2: sii creativo, ascolta tutti e fai il contrario. Per avere meno concorrenti è sufficiente fare le cose in maniera diversa rispetto a loro.

Quando avevo iniziato, ogni cosa che facevo mi prendeva molto tempo ed energia. Pensa a quando avevi iniziato a prendere le prime lezioni di guida, adesso guidi senza pensare, per te è diventato un processo automatico, ma ovviamente non era così da subito. La stessa cosa ho vissuto quando ho iniziato a "guidare" la mia attività. Ho dovuto imparare ad usare il computer, a fare i preventivi, le fatture e anche a il lavoro presso i clienti.

"Non importa quanti sbagli fai o quanto sei lento nei tuoi progressi. Sei comunque molto più avanti rispetto a chi non sta neanche provando." *Anthony Robbins*

All'inizio trovare il cliente mi prendeva più tempo che fare il lavoro. Mezza giornata di distribuzione di volantini mi faceva guadagnare un cliente, che di solito riuscivo a fare in 1 ora e mezza. Erano in molti gli artigiani e gli imprenditori a dire che c'era poco lavoro a causa della crisi.

Per fortuna io in quel momento non volevo considerare le alternative che sarebbero andate a mio giovamento, avevo scelto di perseverare. Avevo capito che quando ho lavoro, mi posso permettere di lavorare 8 ore, quando l'attività scarseggia, allora devo lavorare 12 ore. Sì, perché le 4 ore in più mi servivano per trovarlo.

I miei punti forti all'inizio della carriera imprenditoriale erano la motivazione, la perseveranza e l'ottimismo. Il mio ottimismo veniva alimentato dai piccoli risultati che ottenevo tutti i giorni. Il fatto di aver scelto di offrire piccoli servizi, poi anche ai privati, mi ha dato "ossigeno" necessario per andare avanti. Sarebbe stato insostenibile per me svolgere un'attività con cicli lunghi. Quelle che non ti portano denaro subito le puoi considerare come opzioni, se hai già una fonte di guadagno.

Nel 2016 sono partito con una nuova azienda, sicuro delle mie abilità da imprenditore, aprendo un'agenzia immobiliare in Francia. Sono partito con gli altri due soci (anche loro imprenditori); eravamo talmente sicuri che non ci siamo preoccupati di alcuni dettagli importanti. Così, prima di aver ottenuto la licenza per lavorare, sono passati 9 mesi. Nel frattempo dovevo sostenere le spese di affitto, il compenso della persona che aveva il requisito professionale, il commercialista, le garanzie bancarie e altro. Dopo 12 mesi da quando ero partito con questo progetto, ho deciso di rinunciare. Bilancio totale di questa operazione: meno 31.000 euro, più il tempo e l'energia dedicata. Con questo esempio voglio confermarti che i progetti lunghi sono da considerare solo se hai già una o più fonti di guadagno.

Ripeto anche quanto detto nel segreto numero 2: la quantità di denaro che gestisci deve essere proporzionale alla tua capacità imprenditoriale nello specifico settore. Avessi perso 31.000 euro nel 2010, molto probabilmente mi sarei allontanato per sempre dall'idea di fare business. Ho capito quanto sia stato importante per me non avere denaro all'inizio.

Nel primo progetto imprenditoriale, nel 2010, prestavo molta più attenzione. Ogni mese avevo una leggera crescita, il che mi dava la sicurezza che tutto sarebbe andato bene e che sarei riuscito ad avere nel tempo la stabilità economica che desideravo. Nel mio caso, io ho iniziato a guadagnare subito, certamente poco, ma dal giorno successivo! Non potevo permettermi di partire con un progetto che mi dava le prime entrate dopo mesi.

SEGRETO n. 3: la tua prima azienda deve produrre reddito sin dal primo mese di attività; questo è indispensabile soprattutto se parti da zero, come è stato nel mio caso.

L'imprenditore, così come dicevo prima, non lavora per possibilità, ma per opportunità. Deve organizzare il lavoro molto bene e non deve per forza sapere come riparare il motore della sua macchina, per quello esiste il servizio del meccanico. Allo stesso modo non deve neanche essere un esperto di hardware o software dei pc che utilizza per il suo lavoro.

L'imprenditore deve capire quello che fa per creare il suo piano strategico. Essere esperto di tutti i processi che ha all'interno della sua azienda non gli garantisce il successo imprenditoriale. Per l'imprenditore la chiave del successo è circondarsi di persone più esperte di lui per ogni compito della sua azienda.

"Come lo faccio io, non lo fa nessuno" è il modo di pensare di molti piccoli imprenditori. Voglio farti l'esempio di Anna, la mia prima segretaria. Rispetto e ringrazio tutti i miei colleghi per il loro contributo nella squadra BriaGroup, ma ti parlerò del suo caso perché, essendo il primo, me lo ricordo meglio.

All'inizio dell'anno 2013, avevo deciso che mi serviva una segretaria per il negozio che avevo a Cuneo, essendo anche l'unico. Da una parte volevo prendere la segretaria perché il lavoro incominciava a essere tanto e dall'altra avevo timore di non farcela con i soldi e di avere conflitti con i sindacati.

Sì, ti può sembrare strano, ma io ti confermo che ero preoccupato per eventuali ostilità con i dipendenti e quindi con i sindacati, prima ancora che si verificassero e che assumessi qualcuno. All'epoca tutte le storie che sentivo dai miei conoscenti artigiani legate alle assunzioni finivano male. Avevo quindi maturato, attraverso le esperienze degli altri, l'idea che era meglio restare piccoli, invece di andare a cercarsi dei guai!

Ma il pensiero di rimanere "piccolo" non lo volevo considerare. Ho fatto quindi un annuncio e, dopo diversi colloqui, avevo scelto di prendere Anna. Mi ha impressionato perché era molto umile e volenterosa. Aveva 25 anni, con una laurea in tasca e con precedenti esperienze da segretaria, ma in quel periodo, in attesa di un lavoro migliore, lavorava alla raccolta dei kiwi. La sua voglia di fare mi ha impressionato, avrebbe potuto farsi mantenere dai genitori, ma lei possedeva, oltre alla laurea e alla sua grande voglia di fare, anche una grande dignità!

Abbiamo iniziato a lavorare insieme, facevamo 8 ore al giorno di lavoro insieme e io ne facevo altre 2/4 da solo, quindi in totale tra me e Anna lavoravamo 18/20 ore al giorno. Anna oggi è diventata la responsabile del negozio BriaGroup di Cuneo e gestisce con successo e in autonomia il rapporto con i clienti, con le fabbriche e con i colleghi che si occupano del montaggio.

Nel 2017 siamo stati convocati dagli uffici della finanza per alcuni controlli incrociati e anche lì non sono dovuto intervenire. L'ufficio va meglio rispetto a quando lo gestivamo a "quattro mani" e la cosa interessante di questa storia è che lei riesce a fare il lavoro impiegando solo 6 ore al giorno. Grazie a questa meravigliosa esperienza, ho cambiato la mia convinzione su "come lo faccio io, non lo fa nessuno".

Sono frequenti i casi quando piccoli imprenditori vanno in pensione cessando la propria attività. Penso che sia un grande peccato. Aspiranti imprenditori fanno dei sacrifici per avviare un'attività e allo stesso tempo ne esistono parecchi che cessano le loro attività al momento del pensionamento. Mi ricordo di Franco, un falegname di Cuneo, che stava per andare in pensione, voleva cedere la sua attività e il giro di clienti che aveva a qualcuno.

Quando me ne parlò, io gli risposi che non avrebbe mai trovato un falegname per quello che gli serviva. Lui mi rispose che non c'era bisogno di esperienza. Voleva una persona volenterosa alla quale avrebbe insegnato il mestiere. Per il pagamento era disposto anche a dilazionarlo in più mesi, esigendo una percentuale in base al fatturato.

Franco ha chiuso la sua attività, non ha trasmesso a nessuno il suo mestiere e il suo piccolo giro di clienti è andato perso. Pensa che lui ha portato avanti quell'attività per più di 30 anni. Se un aspirante artigiano lo avrebbe conosciuto, molto probabilmente il piccolo laboratorio di Franco oggi avrebbe ancora accontentato le famiglie con le piccole riparazioni per cui non trovi mai nessuno quando serve. Con questa storia vera voglio invogliarti a riflettere e se hai in mente di diventare un imprenditore, da domani, quando sei in giro, inizia a cercare il "Franco" di turno della tua zona. Avanzerai di anticipare di soldi per i macchinari e gli attrezzi, in più riceveresti anche la formazione direttamente dall'artigiano che ha messo in piedi la sua aziendina. A te rimarrebbe da aggiungere il pizzico di innovazione e tanta voglia e il gioco è fatto.

Ti ho fatto l'esempio di Franco per ripeterti che per fare business, l'unica prerogativa che devi avere per partire è il desiderio. I soldi non sono indispensabili e neanche l'esperienza, esistono possibilità per tutti quelli che vogliono veramente cambiare la loro vita. Se pensi che stia esagerando, ricordati di Nelson Mandela, il quale, dopo 27 anni di detenzione, diventa il presidente della Repubblica Sud africana.

Dicono che fare un'impresa oggi in Italia sia molto difficile, ma resta ancora difficile se paragonata all'esperienza del grande Mandela? Se non hai ancora visto il film, te lo consiglio vivamente, si chiama "Invictus", a me è servito tantissimo il suo esempio di coraggio e determinazione.

Pensando ancora a quanto sia importante avere conoscenze ed esperienza nel settore che stai mirando per la tua futura attività, vorrei ricordarti che oggigiorno, con tutte le informazioni che abbiamo a disposizione, puoi diventare velocemente un esperto, anche rispetto a molte aziende storiche.

Non sono pochi i casi quanto le persone per cambiare, mollano le grandi città e vanno in campagna per fare i mestieri di una volta, lasciando le loro lauree nel cassetto per fare una vita più serena.

SEGRETO n. 4: Non devi essere esperto per aprire un'azienda, valorizza le conoscenze e l'esperienza di altri.

Spagna, Russia, Portogallo, Ucraina, Gran Bretagna, Polonia, Belgio, USA (ho preso dei paesi a caso, ma potevano essere anche altri), eccetera. Cosa ti dicono questi paesi? Sai dove sono, sai che lingua parlano, ma sicuramente sanno molto di più i cittadini di questi paesi d'Italia che tu dei loro paesi. Questo penso che sia ovvio per te, ci tengo anche io a confermatelo: l'Italia è uno dei paesi più conosciuti al mondo. È la nazione a detenere il maggior numero di siti inclusi nella lista dei patrimoni dell'umanità dell'UNESCO, anche se come popolazione rappresenta meno dell'1% del totale della popolazione del pianeta.

Nel mondo, l'Italia è conosciuta per la sua storia, cultura, architettura, geografia, per la moda, per le auto, per i prodotti artigianali... e soprattutto per il cibo! Io viaggio tanto e devo dirti che, ovunque vai, nel mondo trovi un pezzo d'Italia. I ristoranti (nello specifico quelli italiani) li trovi in tutte le grandi città del mondo. Per quale motivo ti ricordo queste cose? Per dirti che, come italiano, hai tantissime cose da valorizzare.

A Nizza abbiamo circa il 50% dei clienti russi; ma la cosa interessante che ti voglio raccontare è che, grazie ad alcuni di questi, ho conosciuto nuove imprese che si occupano della produzione di porte in Italia. Quando sono arrivati da noi, hanno chiesto di comprare la stessa marca di porte che loro hanno già acquistato in Russia. I prodotti italiani, già come prezzo, hanno un buon posizionamento, portati in Russia, tra spese di trasporto e dogana, arrivano a costare il doppio. Come qualità di serramenti o mobili ci sarebbero anche delle buone alternative, ma i clienti, se possano, scelgono il prodotto italiano. Con questo esempio ti ho voluto rivelare che il lavoro del brand, se vai all'estero, per la metà è già fatto!

Quindi, quando farai le tue valutazioni per il "cosa fare", pensa anche al "dove fare". Oggi spostarsi è molto facile, il biglietto verso qualsiasi capitale d'Europa può costare meno di uscire una sera al ristorante.

Anche comunicare è molto più facile: pensa che solo qualche anno fa fare una chiamata video era impensabile e oggi è alla portata di tutti. Grazie anche allo spazio Schengen puoi scegliere di viaggiare liberamente in 26 paesi per analizzare in quale di questi stabilirti per vivere e fare il tuo business o creare degli accordi di collaborazione con le imprese locali.

Come ispirazione, ti consiglio il giornale più letto di business per gli imprenditori e per gli aspiranti imprenditori, il Millionaire. Leggere questo giornale tutti i mesi ti carica di coraggio, entusiasmo e ti fa sentire protagonista di ogni storia vera che trovi nelle sue pagine. Il giornale ha un articolo dedicato tutti i mesi al trasferimento all'estero, nella sezione "Mollo tutto". T'illustro il link per andare direttamente alla pagina:

https://www.millionaire.it/sezioni/mollo-tutto/.

Se pensi seriamente di andare all'estero, compra dall'archivio l'edizione del giornale con l'articolo che ha descritto il paese al quale sei interessato o della storia che vuoi leggere per intero. Troverai negli articoli anche contatti di italiani che si sono stabiliti all'estero e ai quali chiedere supporto. Ricordati che, se non ti dovesse piacere l'esperienza del trasferimento, tornare indietro sarà sempre facile!

Io ho incontrato a Nizza molte persone che ci si sono trasferite dopo un viaggio di vacanza. Ruslan mi racconta che abitava a Berlino, dove lavorava come massaggiatore. Era venuto in vacanza a Nizza per due settimane. Gli è piaciuta molto, così ha deciso di rimanere ancora una settimana. Poi ha di nuovo spostato il volo di un'altra settimana.

Alla fine ha deciso di cambiare, adesso vive e lavora per conto proprio a Nizza da tre anni.

Ruslan è molto entusiasta di questo cambiamento, mi ha spiegato i vantaggi che ha trovato grazie al cambio di residenza e adesso vive in vacanza; ha appreso una nuova lingua e parla anche il francese, oltre al tedesco e al russo. In più in Francia ha trovato molto interessante il regime fiscale che fa per lui, chiamato *autoantrepreneur*.

Con questo regime fiscale lui non ha nessun costo fisso, paga solo un *forfait* in base al fatturato. Questi sono i vantaggi che ha trovato Ruslan quando s'è trasferito da Berlino a Nizza, in seguito ad un viaggio di vacanza. Tu quale località visiterai in Italia o all'estero per trovare quello che ti aiuterebbe a cambiare la tua vita in meglio?

SEGRETO n. 5: ricordati che non hai solo l'Italia per creare la tua attività.

RIEPILOGO DEL CAPITOLO 2:

- SEGRETO n. 1: parti adesso nel settore che in cui ti senti più ferrato, perché quello ideale per te non esiste; riuscirai a capire cosa ti riesce meglio solo strada facendo.

- SEGRETO n. 2: sii creativo, ascolta tutti e fai il contrario. Per avere meno concorrenti è sufficiente fare le cose in maniera diversa rispetto a loro.

- SEGRETO n. 3: la tua prima azienda deve produrre reddito fin dal primo mese di attività; questo è indispensabile soprattutto se parti da zero, come è stato nel mio caso.

- SEGRETO n. 4: non devi essere esperto per aprire un'azienda, valorizza le conoscenze e l'esperienza di altri.

- SEGRETO n. 5: ricordati che non hai solo l'Italia per creare la tua attività.

Capitolo 3:
Come acquisire nuovi clienti

La prima cosa che deve avere un'impresa sono i clienti, i problemi che essi hanno sono spesso il motivo per quale nasce l'azienda. Questi possono essere persone fisiche, imprese o anche enti statali. L'azienda può non avere dipendenti, uffici, magazzini, propria produzione, agenti, cataloghi, eccetera, ma deve per forza avere clienti.

Posso dire che i clienti sono la cosa principale per un business, ma sono assolutamente contrario all'idea che "il cliente ha sempre ragione". Ti capiterà di incontrare clienti che proprio ti citano questa frase per giustificare il fatto che hanno cambiato idea o che hanno un ritardo sui pagamenti.

Il tuo cliente sceglie di cambiare il suo denaro con il tuo servizio o prodotto, quindi entrambi avete scelto voluttuariamente di fare questo cambio. Te impresa devi rispettare gli impegni e le promesse fatte, ma non sei obbligato a soddisfare tutte le aspettative del cliente, se non quelle che hanno un buonsenso. Anche perché il cliente si può aspettare che tu gli regali una vacanza a Dubai, se compra il tuo servizio, ma questo non entra nei vostri accordi, come neanche il fatto che il cliente ritarda con i pagamenti, che cambi idea più volte, dopo che ti ha fatto l'ordine.

I "patti chiari" sono indispensabili per il rapporto con il cliente. Se rispettare gli accordi è l'obbligo di entrambe le parti, rimane quello dell'impresa di stabilire con molta chiarezza quali sono le "regole del gioco". Nel fare questo, ovviamente occorre tener conto che le condizioni, oltre che presentarle al cliente, devono essere in linea con le leggi vigenti. Essere trasparenti significa dare le condizioni al cliente in maniera chiara, intendo con un vocabolario comprensibile e con dimensioni di carattere leggibili.

Nel caso dei miei serramenti ho sempre fatto firmare i preventivi per accettazione da parte del cliente. Quello che più volte avevo omesso all'inizio, era di firmare anche le modifiche dopo aver fatto l'ordine. Ti faccio un esempio: il cliente ti chiama e ti dice al telefono che la finestra nr.3 va fatta con vetro satinato e che tutti i serramenti all'interno devono essere bianchi invece che tinti in legno. Tu, dopo che ti sei confrontato con la fabbrica e sai che sei ancora in tempo per fare le modifiche richieste, rispondi al cliente dandogli conferma che l'ordine arriverà come da lui richiesto.

Il problema può sorgere al momento della consegna: il cliente, avendo valutato anche altri fornitori prima di te, ma anche con te ha visto diverse soluzioni, può, anche se non in cattiva fede, dimenticarsi quale era stata esattamente la sua ultima richiesta. Si rischia così di arrivare a situazioni di conflitto che possono portare a perdite di denaro, tempo o compromettere il rapporto con il cliente; quindi, prendere degli accordi, firmarli e firmare tutte le ulteriori modifiche deve diventare una regola per l'impresa.

Questa norma ti può sembrare molto chiara, semplice e ovvia, ma ti assicuro che la maggior parte delle imprese non la rispetta. Quindi, anche se il cliente insiste nell'andare avanti senza "perdere tempo" per "firme inutili", tu insisti sulla tua e rispetta la procedura che hai stabilito per la tua azienda.

Tranne che per i business online, per la maggior parte di questi rappresenta un grande vantaggio avere molti potenziali clienti vicino. Non voglio dire che tutti noi imprenditori dobbiamo abbandonare le piccole località e concentrare le nostre attività nei grandi centri urbani. Voglio invece che tu faccia delle scelte consapevoli delle potenzialità e dei limiti della zona che stai valutando per il tuo business.

Supponiamo che tu voglia avviare un negozio specifico per gli sport acquatici ad Alba (CN) perché hai un amico che fa questo con grandi risultati a Torino (TO). In questo caso è molto importante sapere che i residenti di Torino sono quasi un milione (890.529 per l'esattezza) e quelli di Alba sono 31.437.

Meno del 10% della popolazione conosce il numero di abitanti della propria località di residenza, ci sta, ma non per te. Se anche tu non ti sei mai interessato a questo argomento, ti consiglio di dedicare 5 minuti per verificare la popolazione della zona che stai considerando per la tua nuova attività o per la tua nuova sede. Ecco il sito che ti dà le informazioni per popolazione, fasce di età e anche altre sul il reddito medio per persona: http://www.comuni-italiani.it/058/091/.

Per verificare l'interesse rispetto al tuo servizio o prodotto ti consiglio di utilizzare "Google Trends": https://trends.google.com/trends/explore?q=prova.

Grazie a questo strumento, potrai avere dei risultati oggettivi sulle ricerche effettuate dalle persone su Google. Ti puoi documentare in tanti modi, per diverse parole, zone, categorie e per intervallo di tempo. Nel mio caso, per quanto riguarda i serramenti, per esempio, mi è utile per scoprire qual è la parola più utilizzata per chiamare i serramenti. Così ho scoperto che in Lombardia è più utilizzato il termine "serramenti", mentre nel Lazio si usa di più il termine "infissi".

Oltre a fare delle ricerche sul web, ti consiglio di verificare l'interesse per il tuo servizio o prodotto, anche domandando direttamente alle persone; filtrando bene le informazioni ricevute, potrai ottenere degli ottimi spunti per il tuo progetto.

A volte, solo formulare le domande che dovresti fare ai tuoi potenziali clienti, è un ottimo punto di partenza. Quando avevo deciso di aprire la BriaGroup a Nizza, in Francia, mi ero preparato le seguenti domande da fare ai nostri potenziali clienti, che erano soprattutto italiani.

Ti piacerebbe avere a Nizza il servizio di un'azienda che:

- ti parla in italiano?

- la puoi contattare telefonicamente su numero italiano?

- interviene in giornata perché è sul posto, nel caso tu avessi problemi (l'alternativa sarebbe prendere un appuntamento tra una settimana o più con l'impresa che era venuta dall'Italia per farti la fornitura e il montaggio dei serramenti)?

Dopo che mi ero preparato le domande, avevo deciso di non farle neanche. Le risposte per me erano scontate, ma prepararle è stato fondamentale.

La concorrenza è meglio se c'è, soprattutto se sei alla tua prima esperienza da imprenditore. La presenza della concorrenza è un segno che nel settore che hai scelto comprende anche dei clienti. Il presupposto è che i concorrenti sul mercato ci siano già, quindi lavorano. Il tuo obiettivo è iniziare a guadagnare e maturare competenze. Ti serve prendere una minima parte dei clienti che adesso vengono serviti dalle altre imprese; una volta entrato sul mercato, sta a te capire come organizzarti per differenziarti e avere più clienti.

SEGRETO n. 1: la tua azienda funziona solo se hai dei clienti; se vuoi aprirne una legata ad una passione, fai molta attenzione a verificare se ne avrai.

Ecco la storia di Andrea, che ha aperto la sua ditta individuale come artigiano posatore di piastrelle, in seguito alla proposta da parte di una grossa impresa edile di offrirgli lavoro. Lui lavorava e non doveva preoccuparsi di trovarselo; questo gli veniva dato sempre dalla grossa impresa come da loro promessa e ogni mese lui emetteva fattura e veniva pagato in base al lavoro svolto.

Io, invece, mi dovevo preoccupare tutte le volte di trovare il cliente prima di erogare il mio servizio. I miei erano dei brevi interventi di riparazione, quindi lavoravo soprattutto per cercare lavoro, non come faceva lui.

Perché Andrea, che sognava di diventare un imprenditore, ha chiuso la sua partita IVA? Che cosa non andava bene nella sua storia? Il fatto che lui non era un imprenditore o un artigiano vero, ma era diventato un dipendente con partita IVA. Molto bene, questa è un'ottima strada per chi vuole trovarsi un lavoro, ma non va bene per chi vuole diventare un imprenditore. Se vuoi riuscirci, va bene partire come Andrea, ma poi ti devi accalappiare altri clienti e dopo dei collaboratori.

Avere un solo cliente vuol dire conferire a lui il potere di decidere il prezzo per i servizi o prodotti che gli fornisci. Significa che il futuro della tua attività dipende dal tuo unico cliente, e se questo non ti paga, la tua attività si ferma, quindi sei da capo.

Andrea avrebbe dovuto cercare anche altri clienti, per i motivi elencati sopra. Per diventare un'impresa avrebbe dovuto prendersi dei collaboratori, perché questo gli avrebbe permesso di avere tempo per studiare e occuparsi della sua azienda. Cambiare il proprio tempo con denaro va bene, a condizione che sia una cosa temporanea in fase di crescita.

Se all'inizio della tua attività dovrai dedicare molto tempo alla ricerca dei clienti, sappi che questo fa parte delle attività della tua impresa. Negli anni passati, in alcuni settori, per avere clienti bastava solo aprire un'attività e il gioco era fatto. I clienti arrivavano da soli ed erano anche disposti ad aspettare che tu gli fornissi il servizio o il prodotto. Oggi con internet anche il cliente del piccolo paesino può accedere a tutti i fornitori di servizi o di prodotti del mondo.

Le imprese artigiane o di servizi si ricordano con nostalgia quando avevano il lavoro programmato per tutto l'anno. Tutte quelle che avevano vissuto questi periodi d'oro erano diventate molto valide a erogare il servizio; tuttavia non si sono mai occupate della ricerca dei clienti e, appena finiti, le aziende si erano rivolte alle agenzie di pubblicità.

La buona notizia è che tutti noi possiamo imparare a trovare clienti, ma questa capacità va allenata: più tempo e più energia dedichi, più diventi bravo a farlo.
Per scegliere i clienti voglio darti un altro spunto: voglio ricordarti del Principio di Pareto che afferma di concentrare lo sforzo sul 20% dei clienti che ti portano ad avere l'80% dei risultati.

SEGRETO n. 2: la tua azienda non può dipendere da un cliente. Più clienti hai, più la tua azienda è stabile.

Grazie a internet, e in particolare ai social media, molte aziende sono riuscite ad automatizzare la ricerca di clienti ed alcune anche il processo di vendita. Gli imprenditori hanno capito che i canali vecchi non funzionano più e quindi non li usano.

Da un altro lato, non padroneggiando ancora i nuovi modi per generare nuovi contatti, molte aziende non fanno più pubblicità, così scelgono di chiudere perché c'è crisi o galleggiano grazie all'indotto che hanno dai tempi passati, nella speranza della presupposta ripresa dell'economia.

Condivido pienamente l'idea che per la pubblicità vanno utilizzati le migliori strategie che ti permettono di ottenere grandi risultati, misurabili, in tempi brevi e con spese molto ridotte. La stessa cosa vale per i trasporti: ti conviene utilizzare un mezzo di lavoro di ultima tecnologia, sicuro, ecologico e con consumi esigui. Tutte le imprese devono tendere verso l'utilizzo dei migliori modi e tecnologie che esistono per lo svolgimento delle proprie attività.

Ciononostante, un imprenditore non deve e non può aspettare che tutto sia perfetto prima di iniziare, perché questo significa non partire mai. Utilizza quindi il metodo che conosci e che ti puoi permettere al momento, ma parti!

Di seguito ti elenco le principali modalità per avere nuovi contatti; tu scegli quello che più fa al tuo caso, ricordandoti che puoi sempre cambiare in meglio.

a) volantini: è un modo per fare pubblicità che in passato veniva utilizzato parecchio, di cui il pubblico non se ne intendeva molto. Tuttavia promette risultati e per questo te lo consiglio, ma fai molta attenzione alle spese di stampa e di distribuzione. Per la grafica del volantino non hai bisogno di rivolgerti a dei professionisti, oggi te la puoi fare da solo. Io mi trovo bene con il programma online "Canva":
https://www.canva.com/.

È disponibile anche in italiano, la versione a pagamento costa solo 10 euro al mese, ma volendo ti basta anche quella gratuita. Grazie a questo strumento, puoi modificare la grafica del tuo volantino tutte le volte che desideri, senza dover spendere per il grafico.

Per il monitoraggio dei risultati valuta se attivarti un numero di telefono cellulare, VoIP o numero verde. Lo tieni attivo finché serve dopo la campagna; se pensi poi di ricevere ancora delle chiamate su quel numero, fai il trasferimento di chiamata su quello principale; in questo modo eviti di ritrovarti con tanti telefoni, perché magari hai dovuto fare dei test su più volantini.

Questi, così come anche altro materiale pubblicitario stampato, ti consiglio di comprarli alla tipografia online PIXARTPRINTING, a prezzi molto competitivi. Il costo di 10.000 volantini A6 è di circa 100 euro netti, quindi hai un risparmio che arriva anche al 50% rispetto ai prezzi delle tipografie classiche; in più, da quanto mi risulta, ti ristampano gratuitamente l'ordine, se per caso ti arrivasse con errori:
https://www.pixartprinting.it/.

Per la distribuzione dei volantini esistono delle regole da rispettare che variano per ogni comune; in alcuni la tassa pubblicitaria costa 3 euro, in altri invece può arrivare anche a 12 euro. Fai attenzione alle sanzioni, perché se il volantinaggio lo organizzi in maniera scorretta, queste non tardano ad arrivare; per quello sulle macchine in molti comuni si fanno delle multe.

Per la distribuzione dei volantini, nel caso di prestazioni occasionali, puoi pagare i collaboratori con la ritenuta d'acconto. Usa un'applicazione sul telefono per tracciare i percorsi eseguiti, che ti possa tornare utile per avere una visione completa della piantina e per non fare più volte lo stesso percorso; crea una procedura per la distribuzione di questi, di modo che sarai sicuro che chi fa il volantinaggio per te, lo farà come lo vuoi tu.

b) compra le richieste di preventivi, dato che questo è un altro modo per avere nuovi contatti a portata di tutti. Nel caso tu vendessi un servizio o un prodotto che solitamente viene ricercato dai clienti su internet, allora ti consiglio di valutare questa opzione. Le principali società che offrono questo servizio in Italia sono:

https://www.preventivi.it/

https://www.prontopro.it/.

Il servizio di queste società è molto gradito dai potenziali clienti finali, in quanto offre loro la possibilità di ricevere, in seguito alla loro semplice richiesta, sino a 5 preventivi di 5 imprese diverse.

Le imprese pagano il servizio in base al numero di richieste di preventivi acquistate; per i contatti che hanno rilasciato i dati incorretti o che non rispondono è possibile ottenere il rimborso del credito consumato. Insomma, un ottimo servizio per le piccole imprese che non sono organizzate nel procurarsi i clienti.

c) fiere: sono state utilizzate molto in passato e con degli ottimi risultati. Per anni queste sono state l'unico canale di pubblicità per molte aziende; da ricordarsi, inoltre, che aver allestito un bellissimo stand non garantisce risultati.

Ad ogni fiera puoi vedere aziende che hanno investito per affittare e allestire decine di metri di stand, ma hanno dimenticato di aggiungere il sorriso sulla faccia del personale. Per le fiere consiglio di utilizzare più possibile i roll-up e monitor per ridurre al massimo il costo dell'allestimento classico.

d) cartelloni pubblicitari: sono i panelli pubblicitari che vedi lungo le strade e alcune volte sui palazzi. Per fare pubblicità su questi puoi fare tutte le pratiche necessarie da solo o rivolgerti ad una società che si occupa di questo. La prassi per eseguirlo in autonomia è molto complicata e richiede anche molto tempo. Se vuoi farlo, ti consiglio di rivolgerti alle società specializzate in questo; di solito propongono contratti da 5 anni e con una sola grafica per tutto il periodo contrattuale.

Ti consiglio di considerare un contratto di massimo 1 anno e con almeno 3 cambi di grafica durante lo stesso arco di tempo. La grafica dei cartelloni pubblicitari, se non viene cambiata, rende il cartellone parte del paesaggio, quindi non viene più osservata la pubblicità. Quando tratti il prezzo, considera che i loro listini sono gli stessi che praticavano vent'anni fa, quando tutti gli spazi erano venduti e quando internet veniva usato poco o niente per la pubblicità. Fai la tua proposta di prezzo molto coraggiosa e tratta.

e) Google Adwords: è lo strumento proposto da Google per la pubblicità. In pratica fa uscire il tuo annuncio pubblicitario quando l'utente di internet fa una ricerca correlata proprio a quello tuo. Questo strumento ti dà la possibilità di scegliere per il tuo annuncio la zona geografica, gli orari ed il tipo di utente di tuo interesse. Assistenza e formazione per utilizzare questo potentissimo strumento la trovi direttamente sul sito ufficiale: https://adwords.google.com/

f) Facebook Ads: è uno strumento molto forte in questo momento. A giugno del 2017 nel mondo gli utenti di Facebook erano già 2 miliardi: questo rappresenta il 27% della popolazione mondiale.

L'Italia con 27 milioni di utenti si posiziona al nono posto nella classifica mondiale Facebook.
Facebook ti dà la possibilità di scegliere il tuo pubblico in base a:
- Zone geografiche
- Lingua parlata
- Età
- Interessi
In più ti permette anche di:
- Partire anche con budget molto ridotti.
- Avere i "numeri alla mano" per decidere quale campagna è più efficiente e quale invece va rivista.

-È gestibile comodamente dal tuo pc ed è molto veloce, puoi fermare una campagna o farla ripartire con pochi click.

h) sito internet: molto utilizzato dalla metà degli anni Novanta. È la vetrina online dell'azienda, aiuta poco alla vendita. Di solito neanche i siti delle agenzie che te lo propongono vendono. Facci caso, queste agenzie o chiamano o mandano un agente per venderti un sito che venderà.

i) televisione: il canale utilizzato dalle aziende medio-grandi. Questo canale di pubblicità, però, risulta essere molto costoso. I prezzi sono pubblici e, se sei curioso, ecco il link con i listini della pubblicità proposta del gruppo Mediaset:

http://www.publitalia.it/listini/

SEGRETO n. 3: usa il canale più adatto a te, invece di aspettare di diventare un esperto del miglior sistema di *Lead Generation*.

Tendenzialmente, tutte le volte che si fa pubblicità si vuole raggiungere il numero massimo possibile di utenti. A parità d'investimento, si desidera lo spot in TV nell'orario di punta, l'affissione in città sulle strade più trafficate, la fiera con più visitatori, l'inserzione sul giornale più letto, eccetera. Partendo da questo presupposto, in questo momento in Italia il posto dove trovare più clienti e con i quali poter anche interagire è Facebook.

Questo è un strumento e, come per tutti, il risultato dipende da come lo sfrutti. Possiamo usarlo per postare fotografie con i nostri lavori o con l'immagine del volantino. I risultati di questa azione non ci garantiscono un flusso costante di clienti, ma ha comunque un grande vantaggio rispetto a fare volantinaggio. Nella seguente immagine hai la stima di quante persone puoi raggiungere con 52 euro.

Budget totale

€ 52,00 EUR

Stima delle persone raggiunte

17.000 - 44.000 persone di 1.900.000

Quindi con 52 euro si raggiungono minimo 17.000 persone. La stessa cifra investita per fare volantinaggio ci fa raggiungere massimo 1.500 persone. Nel caso del volantino devi considerare ancora il fastidio che procura ad alcune persone e il tempo per pagare al comune la tassa per la pubblicità. Quindi Facebook conviene rispetto al volantino, anche se utilizzato per la semplice pubblicazione di post.

Ma oltre al semplice post, attraverso Facebook si può interagire con il cliente. Se questo non ti conosce, allora le possibilità che lui scelga la tua azienda sono molto ridotte. Ogni volta che il cliente vuole fare un acquisto, inizia a valutare prima le aziende che conosce e, solo se non è soddisfatto delle proposte che riceve, inizia a cercare nuove aziende.

Quindi per essere una di quelle che il cliente valuta quando deve scegliere da chi comprare, è indispensabile che lui conosca la tua azienda. Il cliente deve essere convinto che ha la soluzione al suo problema.

Chi si deve occupare di informare il tuo cliente dell'esistenza della tua azienda e chi deve spiegare che la tua azienda ha la soluzione per il suo problema? La concorrenza, ovvio, ma anche il cliente! L'unico che ha interesse sei tu, questo è lo spirito di un'azienda che vuole vendere! Ma il cliente devi informarlo del fatto che la tua azienda esiste e quando ha delle soluzioni che fanno al suo caso? Prima che abbia il problema da risolvere, durante o dopo? La risposta è che noi non sappiamo quando il cliente avrà questo bisogno; in più, se la tua azienda tratta un prodotto o servizio nuovo sul mercato, è molto probabile che il cliente non cerchi neanche.

La scelta giusta è partire a informare i potenziali clienti da subito. Il fatto d'informare il cliente non è una novità, questo si fa da tanto tempo. Nel caso delle aziende che hanno come clienti finali altre aziende l'informazione veniva delegata agli agenti di commercio. Anche quelle di vendita diretta per vendere si occupavano d'informare i potenziali clienti.

Mi ricordo la prima volta quando ho ricevuto la visita per dimostrazione di un venditore della Vorwerk. Mi sono innamorato di quell'aspiratore che non avevo mai visto sino ad allora. Sono stato informato che esiste l'azienda Vorwerk, che ha un aspiratore meraviglioso chiamato "folletto" e mi è stato spiegato anche il funzionamento. In seguito a quella visita, ho acquistato un apparecchio per casa mia, uno per la mia azienda e ho sponsorizzato la vendita di altri 4 aspiratori. Oggi sono un cliente fedele e continuo a parlare bene di questo prodotto.

Ecco i principali motivi per cui non è più sostenibile il tipo di vendita che ho descritto negli esempi precedenti e perché il lavoro di informare e formare i potenziali clienti va svolto attraverso un algoritmo automatico e non più da agenti:

1. I costi sono molto alti: costo agente, auto, pedaggi, multe di velocità, tempi morti in caso di appuntamenti saltati. I software hanno un costo mensile di abbonamento molto basso rispetto al lavoro che realizzano.
2. Gli agenti lavorano 11 mesi all'anno, mentre i software anche nei giorni feriali e di notte.
3. Le persone disposte a fare questo lavoro sono pochissime, invece nel caso dei programmi non si ha questo limite.
4. L'agente normalmente può occuparsi di una vendita alla volta. I software sono studiati per lavorare con più *lead* contemperamene, anche se sono in stati di avanzamento

diversi.

5. L'agente è limitato nelle distanze, al contrario, nel caso del software è indifferente se i clienti siano "attaccati" o si trovino a migliaia di chilometri di distanza.

6. La vendita con gli agenti la si può applicare solo per prodotti/servizi con costi e margini alti, sufficienti per sostenere la spesa; utilizzando i software diventa possibile la vendita di prodotti con prezzi anche inferiori a 10 euro.

7. Gli agenti di vendita possono essere di buon umore o di cattivo umore e questo influenza la vendita stessa e anche l'immagine che il cliente si fa della tua azienda. I software comunicano con il cliente così come lo hai impostato tu e utilizza anche il tuo stesso vocabolario!

8. Spesso gli agenti di vendita, cambiando azienda, si portano via anche i tuoi clienti. Il software non ruba clienti!

Come hai visto sopra, abbiamo tutti i pro per delegare le nostre vendite ai software studiati per fare questo. I modi sono diversi, ecco lo schema logico del processo necessario per generare vendite:

a) crea un post su Facebook con lo scopo di attirare l'attenzione su un problema del potenziale cliente, proponendo la soluzione.

b) fai un regalo al cliente. Esistono anche aziende che regalano un prodotto fisico, il cliente paga solo le spese di spedizione, sebbene solitamente vengono regalati contenuti di valore per velocizzare e per non far sganciare soldi ai potenziali clienti. Questi contenuti possono essere in forma di ebook, audio corso, eccetera.

c) consegna il regalo, che deve avere un vero valore, qualcosa che tu e i tuoi concorrenti avreste potuto anche vendere.

d) dopo che il potenziale cliente ha conosciuto la tua azienda e ha ricevuto del materiale di valore gratis, solo allora gli puoi fare la tua proposta.

e) una parte dei *lead* compra e ai restanti il sistema continua ad inviare mail e tenerli "caldi".

Per la creazione delle "pagine di atterraggio" e per l'invio dei contenuti di valore esistono molti programmi, uno dei più conosciuti è *clickfunnels*:
https://www.clickfunnels.com.

Sul sito trovi anche i video tutorial con tutte le spiegazioni

83

necessarie per impostare campagne di successo.

SEGRETO n. 4: il canale di marketing più potente in questo momento è Facebook.

Voglio fare una considerazione insieme a te, il mondo come sappiamo cambia sempre più veloce. Il cambiamento arriva grazie ad un gruppo piccolo di persone e aziende che studiano e mettono a disposizione del pianeta strumenti e tecnologie nuove per il progresso. Quindi i clienti sono sempre più informati e sempre più attrezzati per fare bene le loro scelte; in questa evoluzione sono molto più veloci i clienti rispetto alle aziende.

Prendiamo come intervallo di tempo gli ultimi 20 anni, in cui le aziende hanno cambiato pochissimo rispetto a prima. Pensa che molte non utilizzano ancora la mail, continuano ancora con il fax, fanno ordini ai loro fornitori per telefono, fatture a mano, consegnano preventivi in più di una settimana, e l'elenco può continuare. In Italia, inoltre, questa cosa è ancora più grave rispetto agli altri stati d'Europa. Pensa solo alle centinaia di persone che stanno al casello delle autostrade per accettare i pagamenti dei pedaggi. Pur essendo queste delle grosse società, non hanno ancora cambiato questo sistema costoso ed inefficiente che in altri paesi è stato rivoluzionato da tanto tempo.

Uno dei motivi principali di questa differenza è data dai numeri. Ecco la mia considerazione al riguardo: in qualità di clienti, le persone sono molto, molto più numerose rispetto alle aziende; dunque, se come quando si studiano nuovi prodotti e tecnologie lo si fa in maniera da avere il miglior riscontro economico, quelli privilegiati sono i clienti come persone fisiche rispetto a quelli delle aziende. In più le aziende si dividono in vari settori, quindi ancora meno come numero.

Il cliente, dunque, è molto informato ed esigente adesso rispetto all'arrivo di internet. Prendiamo come esempio un artigiano di una piccola/media località, dove prima i suoi concorrenti erano gli altri 2/3 artigiani dello stesso paese. Adesso si è in gara con imprese di aree geografiche più ampie. Più è alto il costo del lavoro o del servizio, più è ampia la zona geografica dei concorrenti. Nel caso dei prodotti i concorrenti delle imprese non sono più solo dall'Italia, ma anche dall'estero.

In questo momento di mercato, chi vende un prodotto non personalizzato, è in concorrenza diretta con Amazon, perché le persone comprano da Amazon anche quando sono in vacanza; si fanno arrivare il prodotto in giornata nell'albergo e la fattura sulla mail. Se per qualsiasi motivo non vogliono più il prodotto, lo possono restituire senza nessuna spiegazione ad uno dei tanti punti convenzionati per il ritiro Amazon. Io sono un cliente innamorato di questo brand. Quello che mi piace di più è la semplicità d'utilizzo, per il reso ti offrono loro l'etichetta, tu devi solo stamparla.

C'è chi dice ancora: "Sì, ma il fattore umano non potrà mai essere sostituito dagli algoritmi!". Ma cosa ce ne facciamo del fattore umano, chiediamoci qual è la funzione di questo?

A questo proposito, voglio farti l'esempio della catena di negozi più conosciuta in Italia, Poste Italiane. Quasi a tutti è capitato di avere a che fare con il fattore "umano" di questi sportelli. L'algoritmo di un programma non ti chiuderà mai lo sportello in faccia perché è arrivata la pausa pranzo, dopo che ti sei fatto prima 10 minuti di coda in una fila e altri 15 in un'altra dato che la prima non era quella giusta.

Le aziende hanno scopo di lucro, almeno noi qua parliamo di quelle. Se un algoritmo sostituisce delle persone e fa guadagnare all'azienda più delle persone previste, allora questo cambiamento non potrà essere fermato; per quanto riguarda invece il fattore umano, se i clienti ne sentono il bisogno, trovano tantissimi altri modi per questo.

Oggi per essere scelti dal cliente bisogna differenziarsi, la qualità del tuo servizio o prodotto viene data per scontato, quindi non rende più fare leva su questa. Neanche gareggiare sui prezzi salva la situazione, arriverà sempre qualcuno che ne fa uno più basso. La soluzione è renderti diverso dai tuoi concorrenti, crea il tuo brand nella mente dei consumatori.

SEGRETO n. 5: Il cliente sceglie di comprare dallo specialista del settore. Solo i brand si salvano dalla pressione dei prezzi.

RIEPILOGO DEL CAPITOLO 3:

- SEGRETO n. 1: la tua azienda funziona solo se hai dei clienti; se vuoi aprirne una legata ad una passione, fai molta attenzione a verificare se ne avrai.

- SEGRETO n. 2: la tua azienda non può dipendere da un cliente. Più clienti hai, più la tua azienda è stabile.

- SEGRETO n. 3: usa il canale più adatto a te, invece di aspettare di diventare un esperto del miglior sistema di *Lead Generation.*

- SEGRETO n. 4: il canale di marketing più potente in questo momento è Facebook.

- SEGRETO n. 5: il cliente sceglie di comprare dallo specialista del settore. Solo i brand si salvano dalla pressione dei prezzi.

Capitolo 4:
Come automatizzare la tua azienda

L'azienda liquida non ha costi fissi, o meglio, sono molto ridotti. Non si tratta di miracoli, dal momento che i costi fissi non devono sparire, ma vengono trasformati in variabili.

Prendiamo di nuovo come esempio le mie aziende che si occupano della vendita e posa di serramenti: se io assumo delle persone per i montaggi, l'azienda ha dei costi fissi; se invece collaboro con degli artigiani indipendenti per il montaggio, questo rappresenta un costo variabile. L'idea è di avere spese solo se si hanno dei guadagni. Sul mercato esistono già da molto tempo soluzioni per affittare uffici a ore e anche *self storage* per i tuoi magazzini.

T'illustro alcuni esempi, conosciuti da tutti, di aziende liquide.

-Uber: è un'azienda con sede principale a San Francisco che fornisce un servizio di trasporto automobilistico privato attraverso un'applicazione mobile che mette in collegamento diretto passeggeri e autisti. La società è presente in decine di città in tutto il mondo e le sue auto possono essere prenotate con l'invio di un messaggio di testo o usando l'applicazione mobile, di modo che i clienti possano usufruirne. Niente autisti dipendenti, sono tutte persone esterne, inoltre usano le loro macchine per lavoro.

-BlaBlaCar: è la piattaforma numero 1 in Italia per la condivisione dei viaggi in auto, con oltre 35 milioni di utenti e più di 10 milioni di viaggiatori ogni trimestre. L'obiettivo è permettere ai compagni di viaggio di condividere le spese, ottimizzare l'utilizzo delle auto e ridurre l'impatto ambientale attraverso la diminuzione delle emissioni di CO_2. Grandi vantaggi per tutti! Tutte le auto sono partecipanti al progetto e non di BlaBlaCar.

-Airbnb: è un portale online che mette in contatto persone in cerca di un alloggio o di una camera per brevi periodi con persone che dispongono di uno spazio extra da affittare, generalmente privati. Nel giugno del 2012 contava alloggi in oltre 26.000 città in 192 paesi e raggiunse 10 milioni di notti prenotate in tutto il mondo. Nessuna camera o appartamento di proprietà.

- Booking: è una delle aziende di *e-commerce* più grandi al mondo attiva nel settore dei viaggi. Booking.com conta oltre 15.000 dipendenti in 204 uffici in 70 paesi di tutto il mondo. Se ti stai chiedendo che azienda liquida è se ha 15.000 dipendenti, hai pensato bene.

Considera che ogni giorno questa società blocca più di un milione e 500mila pernottamenti. Se dividiamo il numero di pernottamenti per il numero di dipendenti, vediamo che a ogni dipendente corrispondono 100mila pernottamenti al giorno. Quindi, come dicevamo prima, le spese fisse non ci devono essere, o devono comunque essere molto basse rispetto al fatturato di un'azienda.

SEGRETO n. 1: l'azienda liquida è quella che non ha costi fissi o ne ha molto ridotti rispetto al proprio fatturato.

Le aziende sono sempre in prova e quelle che resistono sul mercato ci riescono perché hanno passato la prova davanti ai clienti. La tua azienda sul mercato può essere "lasciata a casa" in qualsiasi momento. Questo mi sembra giusto ed è una realtà che favorisce il progresso economico e la sana concorrenza. L'azienda da una parte deve giustamente "coccolare" i suoi clienti. Quest'ultimi pagano e tu, azienda, se vuoi i loro soldi, devi risultargli "simpatica", perché altrimenti vano da un'altra parte.

Quello che non va bene invece è il rapporto tra dipendente e azienda. L'azienda è il cliente del dipendente, perché tutti i mesi compra i suoi servizi, il suo tempo e le sue competenze. Per il bene di tutti, sarebbe giusto che anche il rapporto tra azienda e dipendenti fosse liberalizzato. Se così fosse, l'azienda avrebbe più coraggio ad assumere dipendenti, perché avrebbe la possibilità di interrompere in qualsiasi momento la collaborazione se questa non risultasse utile per una delle parti.

Nella situazione di oggi, invece, non si fanno tutte le assunzioni necessarie, per paura che poi interrompere la collaborazione con i dipendenti possa essere molto costoso in termini di tempo e di denaro.

Per questi sarebbe anche un grande vantaggio la liberalizzazione del rapporto di lavoro. Sapendo di essere sempre in prova, darebbe sempre il suo meglio nel fare il suo lavoro e nell'imparare cose nuove; nel sistema attuale, invece, le persone normalmente si formano quando cercano lavoro o quando vogliono cambiarlo. La maggior parte delle persone si occupa della crescita personale e professionale, solo se è disoccupata o a rischio di licenziamento.

Una possibile soluzione per avere colleghi di squadra che siano sempre in prova può essere quella di avere collaboratori esterni con partita IVA. Ti consiglio di confrontarti con il tuo commercialista e consulente di lavoro per essere sicuro di rispettare la legge.

Valuta anche le collaborazioni a distanza, ti mostro il link della rete più grande di freelance italiani: https://www.addlance.com.

Nel mio caso, ho delegato la posa dei serramenti ad artigiani esterni e questo mi ha permesso di non avere più la preoccupazione di attrezzi e di furgoni. Questo cambiamento ha migliorato il servizio di posa, perché il lavoro non viene più pagato in base alle ore di lavoro, ma in base ai risultati. Le squadre di artigiani danno garanzie su montaggi e, in caso di lavoro fatto male, intervengano a loro spese, come da accordi presi.

Un'altra strada per non avere dipendenti diretti è quella di subappaltare una parte del lavoro ad una cooperativa. Anche in questo caso confrontati con il tuo consulente; una delle regole principali da rispettare in questo caso è che i dipendenti della tua azienda non devono lavorare insieme a quelli della cooperativa.

La selezione delle persone è un impegno che ti porta via tanto tempo. Per questo motivo preoccupati di creare un filtro efficiente, a partire già dall'annuncio. Visto che per alcune posizioni puoi arrivare a ricevere anche più di 200 richieste, creati una mail solo per reclutamento; sottolinea anche nell'annuncio di non telefonare, perché è una grande perdita di tempo per te.

Di seguito ti propongo un esempio di annuncio che faccio io per selezionare le persone nei negozi:

Grazie per il vostro interessamento.

Attenzione! Chiediamo gentilmente di NON telefonare.

Visto il grande numero di richieste che riceveremo, per noi sarà impossibile gestirle al telefono. Quindi si prega di comunicare solo via mail.

Siamo la società BGR Serramenti SRLS, facciamo parte della catena di negozi BriaGroup. Ci occupiamo della fornitura e posa di serramenti.

Cerchiamo una persona per il nostro negozio di Roma, via Tuscolana, 292.

Proponiamo l'assunzione tramite cooperativa di lavoro. Tempo pieno, da lunedì a sabato, con circa 6 ore di lavoro al giorno.

Il lavoro da svolgere:

- gestione richieste di preventivo clienti;

- preparazione preventivi;

- visita a domicilio clienti per misure approssimative;

- processione ordini;

- emissione fatture;

- pagamenti fornitori;

- registrazione fatture e pagamenti;

- organizzazione calendario per montaggi.

Le caratteristiche della persona ricercata sono:

- età compresa tra i 25 e i 35 anni;

- residente nel raggio di 15 chilometri;

- diploma o laurea;

- disponibilità a utilizzare la propria autovettura per fare visite presso i clienti.

(Per l'uso della propria autovettura proponiamo rimborso chilometrico come dalle tabelle ACI).

Rappresentano un vantaggio:

- esperienza nel settore

- conoscenza Zoho

- grande voglia di imparare;

- disponibilità a studiare i prodotti e le procedure prima dell'assunzione.

SEGRETO n. 2: trasforma da fisso in variabile il costo dei collaboratori; se proprio devi avere delle persone fisse, prendile tramite cooperativa.

L'azienda automatica sembra un concetto nuovo, ma in realtà

tutte le aziende avrebbero dovuto essere così. Non sono automatiche tutte quelle che dipendono dalla presenza e contributo diretto del titolare dell'attività. Quindi l'obiettivo dell'imprenditore è rendersi inutile nella propria azienda.

L'imprenditore costruisce l'azienda per avere una rendita o per venderla. In entrambi i casi questa deve essere automatica, cioè funzionare senza che l'imprenditore lavori all'interno. Sono molti gli imprenditori in Italia che da quando hanno avviato la loro attività sono andati tutti i giorni a lavoro. Le aziende strutturate in questa maniera di solito non resistono al passaggio da una generazione all'altra e ne risentono molto se l'imprenditore si dovesse assentare.

Le aziende più potenti al mondo sono automatiche, che vanno bene senza la presenza del loro ideatore in più città, paesi e continuano a svolgere la loro attività anche dopo che sono vendute.

Si dice che per un cambiamento la cosa più impegnativa da fare non è scoprire cosa e come fare, ma riuscire a rinunciare a quello

97

che si sta già facendo. A molti imprenditori piacerebbe staccare ogni tanto per dedicare più tempo alle cose personali, ma non ci riescono. Le poche volte che un imprenditore classico si assenta dalla sua azienda è per delle urgenze, e al suo rientro scopre che sono stati fatti degli errori (quelli tanto li fa anche lui, ma sono più visibili se fatti dagli altri). Quindi decide in quei momenti che nessuno lo potrebbe sostituire e che il lavoro come lo fa lui non lo fa nessuno.

L'esempio più conosciuto al mondo di aziende automatiche è dato da Richard Branson, fondatore del Virgin Group, che comprende oltre 400 società. Secondo la rivista Forbes nel giugno del 2015 il suo patrimonio ammontava a circa 5,2 miliardi di dollari.

La mia considerazione è che risulta più difficile per un imprenditore classico automatizzare la prima azienda che per uno seriale automatizzare l'ennesima. Anche perché l'imprenditore seriale le aziende le imposta automatiche già dall'inizio, che è l'unica strada per crearne di più.

Questo processo risulta più difficile essere attuabile

dall'imprenditore che metterlo in pratica. Prendiamo il mio esempio, nella mia prima azienda che ho creato a Cuneo nel 2010 ero presente ad ogni lavoro che facevamo. Anche dopo che avevo assunto dei collaboratori, volevo prendere io tutte le decisioni e controllare qualsiasi cosa facessero i miei colleghi. Avevo capito che dovevo delegare, ma non avevo intenzione di farlo, mi trovavo sempre a fare io le cose, dovessi lavorarci tanto.

Per riuscire ad accettare il fatto di automatizzare da subito invece di aspettare che fossi pronto mentalmente, ho scelto di aprire dei negozi a distanza. Il fatto di avere un negozio a Milano (più di 200 chilometri da Cuneo) mi obbligava a prendere l'abitudine di delegare. All'inizio è molto impegnativo, ti viene da dire "faccio io che faccio prima". La buona notizia è che delegare è una cosa che si può imparare, allenare e perfezionare.

Un'azienda è sistematizzata quando ha un valore e la puoi vendere ad un investitore.
In Italia le piccole e medie imprese sono legate al titolare dell'attività di solito, quindi l'azienda non ha valore se non seguita dallo stesso.

All'inizio, quando non avevo tanto lavoro, di solito d'inverno ero molto preoccupato, fin quando ho capito che in quei momenti avevo la possibilità di guardare l'azienda da fuori; in questo modo ho fatto salti di qualità. Non puoi vedere cosa va e cosa non va quando sei immerso nel lavoro, più tempo ero libero più studiavo e così sono cresciuto

SEGRETO n. 3: l'azienda deve essere automatica e l'imprenditore deve rendersi inutile all'interno di essa.

Errore dell'imprenditore:

un imprenditore evita di fare le procedure, non vuole perdere tempo, perché trova che sia molto banale, semplice o chiaro per tutti. Così ogni collaboratore deve eseguirle a modo suo, tante volte riuscendoci, ma impiega più tempo e i risultati del lavoro svolto non sempre sono allineati con gli standard aziendali.

Spiegavo tutte le volte ai nuovi collaboratori come effettuare il volantinaggio, solo una volta non ho spiegato come doveva essere eseguito perché ero impegnato. Il ragazzo ha pensato di migliorare il risultato del suo lavoro e ha iniziato a mettere i volantini sulle macchine invece che nelle buche delle lettere, come gli avevo chiesto. Quel giorno la polizia locale ci ha fatto una sanzione amministrativa di 450 euro per volantinaggio sulle macchine.

La procedura racchiude in sé il modo scelto dall'imprenditore per compiere un'azione, cioè con la stessa tempistica, nello stesso modo e con la stessa qualità. Le procedure fanno risparmiare tempo e denaro alle attività.

Ogni azienda deve avere il manuale delle procedure, alcune di queste sono di poche righe e sono facili da ricordare, come per esempio la procedura sul ricevimento dei pacchi. Lo scopo principale di questa procedura è di evitare di prendersi la responsabilità per merce deteriorata o mancante; per questo è sufficiente scrivere sui documenti di trasporto "Ricevo con riserva di controllo". Il corriere può non trovarsi d'accordo con questa dicitura, allora deve accettare di controllare il contenuto. Di seguito ti propongo l'esempio di una delle procedure:

Procedura "Rispondere al telefono"

Sono con cliente e chiama fornitore o collega

Il telefono squilla

Sono con collega o fornitore

Sono libera

Non rispondo, premo il tasto con cornetta rossa per bloccare la chiamata.

Sono con cliente e non so chi chiama

Rispondo: "BriaGroup Cuneo buongiorno sono Anna, come posso esserle utile.."

Rispondo: "BriaGroup Cuneo buongiorno sono Anna, come posso esserle utile.."

Rispondo: "BriaGroup Cuneo buongiorno sono Anna, come posso esserle utile.."

qiunque sia

"Sono con delle persone, la richiamo appena mi libero3

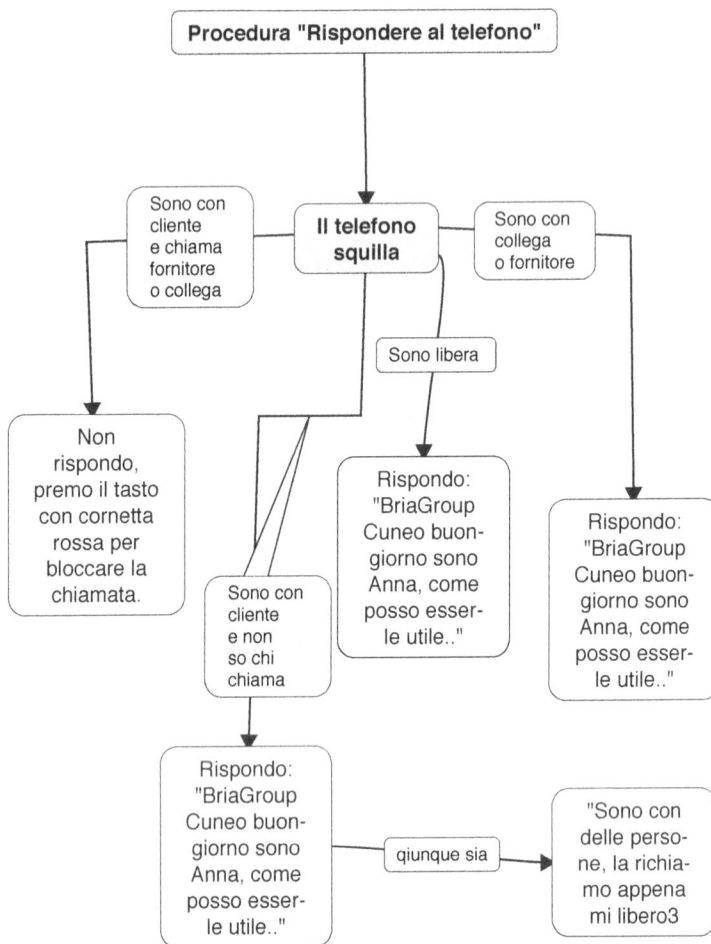

Scopo della procedura: Dare la priorità ai clienti.
Creata a giugno 2016 da Mihail Bria

Le procedure si possano fare utilizzando una semplice pagina word o, per chi vuole, utilizzare un programma per le mappe mentali, sul web ne trovi tante anche gratuite. Io mi trovo molto bene con il programma a pagamento *mindjet* (in inglese o francese):

https://www.mindjet.com.

Le procedure si possano fare anche tramite video, riprendendo per esempio lo schermo del pc o direttamente una persona mentre attua delle esecuzioni e spiega la procedura. I video devono essere semplici, chiari e brevi. Le procedure per video si possono caricare e inviare con facilità ai collaboratori grazie a un canale youtube in modalità "visibile solo da chi possiede il link".

SEGRETO n. 4: le procedure ti permettono di trasmettere alla tua squadra il "come fare le cose" e di risparmiare tantissimo tempo nella formazione dei nuovi collaboratori.

Tutti noi siamo influenzati.

Avere clienti o non averli, dipende prima di tutto dall'imprenditore. Le aziende più del 90% dei casi sono create da bravi tecnici, ma non da bravi imprenditori. Quest'ultimi sono preparati per fornire un buon servizio/prodotto, pensando che questo sia sufficiente per il successo della loro attività. Un bravo tecnico per diventare tale, deve aver dedicato del tempo ad imparare un mestiere e poi dell'altro per metterlo in pratica. La maggior parte delle persone che hanno la loro attività sono dei bravi tecnici, ma questo rappresenta solo una piccola fetta delle abilità di cui deve essere padrone l'imprenditore.

Il mestiere più importante dell'economia di un paese è l'IMPRENDITORE. Tuttavia, pur essendo il mestiere più importante, è quello per cui le persone si formano meno.

Prendiamo come esempio il cuoco bravo che apre il suo ristorante. Lui è consapevole delle sue capacità, nel ristorante dove lavorava riceveva da tutti complimenti; allora decide di aprire la sua attività per guadagnare quello che merita. Peccato che il prodotto o il servizio in un'attività imprenditoriale conta solo il 5%. Quindi, dopo aver investito dei soldi e avviato la sua attività, si ritrova a guadagnare meno rispetto a quanto guadagnava da dipendente e a lavorare addirittura di più. Questo succede con la maggior parte delle attività, chiudono perché manca la restante parte del lavoro che deve fare un imprenditore. Il problema è che nessuno è consapevole della vera causa dell'insuccesso.

Ti sfido a trovare un imprenditore che accetti che la sua preparazione o impreparazione come imprenditore sia alla base dei risultati scarsi della sua attività. La maggioranza addossa la responsabilità allo stato, alla concorrenza, alla crisi, insomma a tutti meno che a se stessa. Finché si continua a pensare che l'insuccesso della propria azienda dipende da fattori esterni non influenzabili, non si agisce neanche.

Il problema principale delle imprese italiane in questo momento sta nel procurarsi dei clienti. O meglio, questo è il sintomo, mentre il vero dilemma è che i tecnici devono diventare imprenditori. Acquisire le competenze che servono per gestire l'impresa e soprattutto la mentalità.

Io quando voglio cucinare, vado a procurarmi la ricetta di cui ho bisogno. Sono sicuro che anche la maggior parte delle persone quando è in procinto di fare una cosa nuova, va alla ricerca delle istruzioni. Nessuno si mette a fare l'idraulico, il medico o il meccanico se non è in grado di saperlo fare, prima si formano.

Allora perché ci dobbiamo mettere a fare gli imprenditori, pensando che non dobbiamo studiare per questo? Fare l'imprenditore è un compito molto complesso, di cui si può iniziare senza avere competenze ed esperienza, ma allo stesso modo non si può sperare nei miracoli per andare avanti.

Adotta ogni giorno questa capacità per apprendere come portare clienti nella tua azienda, insieme a quella d'innovare: queste sono quelle che servono all'imprenditore. Anche se con il tempo sceglierai di delegare questi processi, ti serve comunque essere un esperto della materia.

SEGRETO n. 5: scegli volontariamente il tuo allenatore; se non lo fai, rimarrai allenato da chi hai attorno

RIEPILOGO DEL CAPITOLO 4:

- SEGRETO n. 1: l'azienda liquida è quella che non ha costi fissi o ne ha molti ridotti rispetto al proprio fatturato.

- SEGRETO n. 2: trasforma da fisso in variabile il costo dei collaboratori; se proprio devi avere delle persone fisse, prendile tramite cooperativa.

- SEGRETO n. 3: l'azienda deve essere automatica e l'imprenditore deve rendersi inutile all'interno di essa.

- SEGRETO n. 4: le procedure ti permettono di trasmettere alla tua squadra il "come fare le cose" e di risparmiare tantissimo tempo nella formazione dei nuovi collaboratori.

- SEGRETO n. 5: scegli volontariamente il tuo allenatore; se non lo fai, rimarrai allenato da chi hai attorno.

Conclusione

Da piccolo ero molto contento di giocare con i miei compagni d'infanzia. Preso dallo svago, mi capitava di saltare anche il pranzo. Potevamo giocare per ore di fila senza sentire la fatica, questo perché mi divertivo.

Ti auguro di riuscire a vivere la tua esperienza da imprenditore come un gioco da bambini, con il giusto senso di responsabilità, ma con tutta la creatività e la gioia che ci mettono i bambini in ciò che fanno.

Mihail Bria
www.mihailbria.com

www.ingramcontent.com/pod-product-compliance
Lightning Source LLC
Chambersburg PA
CBHW071606200326
41519CB00021BB/6886